W0406149

Le Cane Corso

M. Cantini

LE CANE CORSO

De Vecchi

Ce guide est destiné à vous faire découvrir une race. Pour élever un chien qui, s'il est mal dressé, peut devenir dangereux, il est nécessaire de connaître à fond le tempérament caractéristique de sa race, ainsi que les principes généraux de la psychologie et du comportement canins.
Nous conseillons donc à nos lecteurs d'approfondir le plus possible ces sujets en s'appuyant sur des ouvrages spécialisés et en s'informant auprès de personnes compétentes et expérimentées, à la fois pour comprendre le caractère de leur chien et, en cas de problèmes spécifiques, pour obtenir les informations les plus complètes et les plus à jour possible.
Nous recommandons vivement de ne pas permettre aux enfants de jouer avec des chiens sans surveillance directe de la part du maître.

L'auteur remercie :
– l'élevage Val D'erro de Renzo Carosio – Sassello (Italie)
– l'élevage « degli Elmi » de Patrizia Colosimo – Crespellano (Italie)

Traduit de l'italien par Céline Vielfaure

Photographies de Gianni Balistreri, Fotoimmagine (Gênes), sauf indication contraire

Dessins d'Albert Marengoni

Les « conseils du vétérinaire » ont été rédigés par le docteur Florence Desachy

© 2003 Éditions De Vecchi S. A. – Paris
Imprimé en Italie

La loi du 11 mars 1957 n'autorisant, aux termes des alinéas 2 et 3 de l'article 41, d'une part, que les « copies ou reproductions strictement réservées à l'usage privé du copiste et non destinées à une utilisation collective » et, d'autre part, que les analyses et les courtes citations dans un but d'exemple et d'illustration, « toute représentation ou reproduction intégrale, ou partielle, faite sans le consentement de l'auteur ou de ses ayants droit ou ayants cause est illicite » (alinéa 1er de l'article 40). Cette représentation ou reproduction, par quelque procédé que ce soit, constituerait donc une contrefaçon sanctionnée par les articles 425 et suivants du Code pénal.

Sommaire

Introduction

Descendant direct du « canis pugnax » romain, le Cane Corso apparaît comme une version légère du mythique *molosse*, un spécimen différent de l'actuel Mâtin napolitain à la structure plus lourde.

Les lointains ancêtres des chiens de race aujourd'hui connus n'étaient pour la plupart pas des « chiens de race », du moins pas dans le sens où on l'entend aujourd'hui. Ces chiens appartenaient à une certaine typologie, avec des caractéristiques similaires à celles des sujets que nous connaissons.

Or, dans le cas du Cane Corso, on peut vraiment évoquer une « race » très ancienne : non seulement en raison de son aspect, resté pratiquement inchangé au cours des siècles, mais également pour le nom qu'il porte aujourd'hui, c'est-à-dire toujours le même.

Précisons ici que ce nom n'a rien à voir avec une supposée origine corse : en dialecte méridional, « corso » signifie « fort, robuste, viril ». C'est un attribut que l'on donne également aux hommes lorsqu'on veut souligner leur valeur.

Ce molosse léger était déjà nommé « Corso » par le bénédictin Téofilo Folengo (1496), par le médecin naturaliste Corrado Gessner (1516), ainsi que par l'écrivain Erasme de Valvasone (1500) qui en fait une description minutieuse dans son *Poème de la chasse*. On a retrouvé également, datant pour le moins du Moyen Âge, des statuettes, gravures et peintures qui le représentent d'une manière quasi identique aux spécimens que l'on peut admirer aujourd'hui sur les rings d'exposition. On trouve ces représentations anciennes dans des ouvrages tels que *Tacuino* de Givannino de Grassi, datés d'environ 1390, dans les crèches de San Martino, Naples et Reggia di Caserta, à la pinacothèque de Capodimonte (*Fernando Ier à la chasse au sanglier* de Jacopo Filippo Hackert).

Avec une filiation aussi ancienne, on peut trouver étrange que cette race n'ait été reconnue par la SCC (Société centrale canine) et la FCI (Fédération cynologique internationale) qu'à partir de l'année 1994. Or, il faut savoir que cette race, il y a encore peu de temps au bord de l'extinction, ne doit sa survie qu'à une poignée de passionnés qui ont su lui redonner ses lettres de noblesse.

Le premier fut le comte Bonatti dans son livre *Le Chasseur sicilien*, où il fait figurer le Cane Corso. Puis, avec le professeur Fernando Casolino, Stefano Gandolfi, Gianantonio Sereni, les frères Luciano, Giancarlo Malavasi, un petit groupe se forma pour rechercher les quelques spécimens restants dans l'Italie méridionale, en particulier en Lucanie, dans les Pouilles et en Sicile.

Les recherches durèrent vingt ans.

Aujourd'hui, la race est reconstruite mais le travail n'est pas fini. Il faut encore la suivre et l'améliorer, afin de la fixer définitivement avant que son statut actuel de « chien à la mode » ne détruise tout ce qui a été bâti.

Le regretté docteur Morsiani a établi un standard de race des plus complets sur le Cane Corso, l'un des plus précis et des plus minutieux jamais encore élaborés à ce jour. Partant d'une base aussi remarquable, il semble presque impossible de pouvoir se tromper.

Et pourtant, à l'heure actuelle, on recense d'un côté les *vrais* Corsos élevés par de *vrais* passionnés, des hommes et des femmes dont le travail de sélection et la compétence font preuve d'une connaissance approfondie de la race et de son standard ; tandis que l'on voit émerger à côté des fruits discutables d'accouplements de hasard, des produits à but purement commercial dont la seule ambition est de répondre à la demande d'un marché en pleine expansion.

DÉCOUVRIR ET CONNAÎTRE SON CHIEN

Le chiot

Le Cane Corso n'a jamais été un berger ni un chasseur, si ce n'est à l'aube de son existence : sa fonction principale a toujours été celle de gardien et protecteur de l'homme.

Pour cette raison, il veut (et doit) – et cela dès son plus jeune âge – vivre en contact étroit avec l'homme. Mais il veut également apprendre de l'homme, découvrir quels sont ses devoirs et bien comprendre le rôle qu'il va remplir au sein de la société humaine.

Presque malheureusement, oserais-je dire, le chiot Corso est une « adorable petite boule » tendre et drôle et il est bien difficile, en le voyant, d'imaginer le fier molosse qu'il va pourtant devenir. C'est ce qui trompe ses maîtres qui ont tendance à lui donner souvent « carte blanche » en pensant qu'il est trop petit pour comprendre. Or, le chiot comprend tout, voit tout, évalue tout. Lorsqu'il vous regarde intensément, il ne se demande nullement si vous allez lui faire assez de câlins ou lui offrir de beaux moments de jeux : il se demande si vous allez être pour lui un enseignant capable, un guide sûr auquel se fier... ou s'il ferait mieux d'assumer lui-même ce rôle de chef indiscuté de votre propre famille.

Le Corso est un chien... *corso*, dans toute l'acception du terme : un chien fort et fier, plutôt dominant comme tous les molosses. Fondamentalement bon et gentil, il n'aime toutefois pas être mené par le bout du nez ; avec la masse que ce chien représente, s'il décide de faire des dégâts, on peut être certain que ces dégâts seront sérieux.

Il est donc fondamental de bien éduquer le chiot dès sa plus tendre enfance. Mais ce qui importe avant tout c'est de *choisir le bon chiot.*

Où l'acheter ?

Un bon Cane Corso doit être acheté *impérativement* auprès d'un excellent élevage ou auprès d'un particulier fiable recommandé par un éleveur.

Il faut, pour cette race, proscrire absolument toute autre source, car la sélection des caractères psychophysiques est un facteur trop important.

Rappelons à toutes fins utiles que le devoir d'un bon éleveur n'est pas de produire des superchiens ou de potentiels champions.

L'éleveur a pour optique de faire naître exclusivement de bons chiens, provenant de bonnes lignées de sang, sélectionnés sur des critères physiques et comportementaux ; il leur donne une alimentation adéquate et garantit de parfaites conditions d'hygiène et de santé. Si de ces données peut émerger un champion, tant mieux ; mais le but principal doit rester la production de chiens de qualité. Dans le cas du Corso, c'est-à-dire une race sélectionnée depuis seulement quelques années, on entend par « chien de qualité » un « chien typique » : tous les autres ne peuvent purement et simplement prétendre à l'appellation de Cane Corso, même si on veut vous les vendre comme tels !

Quel chiot choisir ?

Si vous n'être pas expert en cynophilie, à plus forte raison si c'est votre premier chien, vous risquez de rencontrer certaines difficultés avec un représentant d'une race au caractère extrêmement fort. Un bon conseil : dans le doute, prenez une femelle (ci-contre, un exemple de femelle adulte). On entend dire beaucoup de choses plus ou moins fausses sur les femelles (voir encadré page 24), mais ce qui est certain, c'est qu'elles sont plus douces et plus faciles à éduquer que les mâles, surtout dans le cas du Cane Corso.

AVEC OU SANS PEDIGREE ?

Voici une question qui ne devrait même pas se poser dans le cas de cette race, car un Cane Corso sans pedigree… c'est à peu près n'importe quoi !

Pour l'ensemble des races animales, le pedigree n'identifie pas un chien de haute qualité mais un chien de pure race. Dans ce cas précis, le fait prend une importance accrue. Rappelons qu'il y a seulement vingt ans de cela, le Cane Corso était une race pratiquement éteinte. Comme nous l'avons déjà dit en évoquant les origines de ce chien, les efforts pour sauvegarder cette race se ponctuèrent de longues et laborieuses recherches, et c'est ce qui a permis de retrouver la quasi-totalité des sujets restés en vie. Tous ces sujets ayant été pris en charge par les futurs éleveurs de cette race spécifique, on peut alors affirmer qu'à l'heure actuelle il n'existe pas de Cane Corso hors des descendants de ces chiens retrouvés par ceux que l'on peut qualifier de « pionniers » de la race.

Tous ces chiens sont dotés aujourd'hui d'un pedigree : il ne peut tout simplement pas exister de Cane Corso sans ce document. Quiconque tente de vous démontrer le contraire est un imposteur ! Ce cas de figure ne serait possible que dans le cas d'un particulier qui, ayant fait l'acquisition d'un Cane Corso pure race, lui aurait fait faire une portée qu'il n'aurait pas inscrite à la SCC : étant donné la « fragilité » génétique de cette race – une race considérée comme « nouvelle » à tous points de vue –, produire des chiots sans pedigree (donc incontrôlables quant à leur avenir de reproducteurs) s'assimile purement et simplement à un « délit » en termes de cynophilie. J'invite donc chaudement tous les lecteurs à ne pas se risquer à acquérir un chiot sans document, même appâtés par un prix alléchant.

Au demeurant, un prix bas est généralement la garantie que l'on vous « refile » un bâtard !

Si vous souhaitez un chien d'exposition (voir encadré à droite), vous devez vous adresser à un élevage au palmarès déjà étoffé. Cela ne garantit nullement que votre chien sera un « champion » de beauté qui remportera de multiples médailles, mais c'est tout du moins l'assurance d'obtenir un chien d'exposition présentant toutes les chances de ne jamais descendre en dessous du titre « excellent ».

Ceux qui ambitionnent les expositions canines devront chercher exclusivement à acquérir un chien parfait (ou presque, car la perfection absolue n'existe pas) du point de vue physique : ces données étant difficiles à déceler chez un chiot, le plus sage reste encore de se fier au jugement et à l'expérience de l'éleveur.

Attention : qui veut un chien d'exposition doit explicitement le mentionner à l'éleveur. Inutile d'essayer de ruser et de cacher vos motivations de peur que l'éleveur vous fasse payer un prix trop élevé. S'il vous demande de payer un certain prix, c'est parce qu'il vous cède un chien dans lequel il met toutes ses espérances, un chien qu'il aurait peut-être bien aimé garder pour lui.

Et surtout : ce discours sera d'autant plus valable si le sujet est un jeune chien plutôt qu'un chiot.

Chez le chiot de deux mois, on peut placer certaines espérances mais aucune certitude, y compris pour l'éleveur… ce que ce dernier sait pertinemment ! C'est pourquoi il faut se méfier d'un éleveur qui demande un prix proprement exorbitant pour un tout petit chiot.

LES EXPOSITIONS

Pensez-vous que votre Cane Corso mérite un titre de champion ? La meilleure chose à faire est de vérifier directement ses qualités morphologiques en vous rendant à une exposition de beauté.

La SCC en organise de nombreuses, tant au plan régional que national et international. Je vous conseille ici de viser dans un premier temps une exposition régionale ou, tout au plus, nationale : la compétition y est moins rude et le juge sera plus disponible pour dialoguer avec vous, après le concours, sur les qualités et les défauts de votre chien.

Pour connaître les lieux et dates des expositions de beauté, adressez-vous aux délégations régionales de la SCC : vous trouverez facilement leurs coordonnées sur les pages jaunes de l'annuaire ou encore sur leur site Internet. Sinon, adressez-vous à l'antenne nationale de Paris.

Les « classes » dans lesquelles vous pouvez inscrire votre chien dépendent de l'âge ou du sexe :

– jeune (mâle ou femelle) : de neuf à dix-huit mois ;

– libre (mâle ou femelle) : quinze mois et plus ;

– champion (mâle ou femelle) : pour les sujets déjà champions nationaux ou internationaux.

Dans les rencontres de race est souvent prévue la classe « jeunes chiens » pour des sujets de six à neuf mois.

Comment identifier un bon élevage

Un bon élevage est toujours reconnu par la SCC et spécialisé dans une race. D'excellents élevages, toutefois, peuvent représenter deux races, trois au maximum. Ceux qui revendiquent d'élever dix races ou plus ne sont pas des éleveurs mais des marchands de chiens.

En ce qui concerne le Cane Corso, on rencontre de nombreuses personnes qui ne produisent des chiots que parce que la race est à la mode.

Ce qui importe est de bien savoir à qui l'on a affaire, et la chose n'est pas si difficile.

Partant du principe qu'un éleveur sérieux est un passionné, on peut en déduire que ses chiens participent à des expositions, lesdites expositions n'étant pas de simples « défilés de mode » où l'on se damnerait pour une récompense. Pour l'éleveur, l'exposition est une étape importante pour l'évaluation de son travail et il est indispensable qu'il s'y rende.

Logiquement, premier point, un bon éleveur n'hésite pas à vanter (avec preuve à l'appui) les résultats de ses chiens en exposition.

Deuxième point : l'éleveur sérieux aime ses chiens et les maintient dans d'excellentes conditions d'hygiène et de santé. Une simple visite à l'élevage suffira à vous renseigner sur le genre de la maison, à savoir si l'on y élève des chiens par passion ou seulement pour l'argent. Pour cela, vous vous efforcerez avant tout :

- de regarder les espaces où évoluent les chiens ;
- d'observer le comportement des chiens envers le maître : s'ils sont joyeux, festifs et montrent clairement qu'ils l'aiment, vous êtes tombé sur un bon élevage ;
- d'observer l'attitude des chiots : s'ils courent au-devant de vous, vous sautent dessus et veulent jouer avec vous, c'est qu'ils ont reçu un bon « imprinting » (nous en parlerons plus en détail par la suite) et ont été suivis de la meilleure manière qui soit ; s'ils vous craignent ou, pire, grondent en vous dissuadant d'approcher, *fuyez à toutes jambes*.

Troisième point : un éleveur sérieux sait qu'il vous confie un chiot de qualité, sain, typique et équilibré. Il ne fera donc aucune difficulté pour établir et signer un certificat de vente qui stipule :

- l'inscription imminente du chiot au LOF (Livre des origines français) ; le véritable pedigree ne peut être

produit avant que le chiot ait atteint l'âge de six ou sept mois (parfois plus), mais l'éleveur peut vous montrer les modules « A » et « B » par lesquels il a donné connaissance à la SCC de la saillie, puis de la naissance des chiots ;
- son entière disposition à reprendre le chiot (en restituant la totalité de la somme qu'il a reçue du client) dans le cas de défauts rédhibitoires chez l'animal (comme la présence d'un seule testicule pour le mâle) ;
- l'imminente vaccination du chiot contre la maladie de Carré, l'hépatite, la leptospirose et la parvovirose ;
- une garantie sanitaire d'une durée d'au moins quinze jours contre les maladies infectieuses foudroyantes, prévoyant le remboursement intégral du prix du chiot au client, le cas échéant.

Pourquoi ne pas prendre un chien un peu plus âgé ?

Le chiot n'est pas la seule possibilité mais c'est de loin la plus répandue, pour divers motifs plus ou moins fondés. Si vous voulez suivre votre chien tout au long de son existence, l'accompagner dans ses premières découvertes, « modeler » son caractère en fonction de votre rythme de vie, vous devez alors, bien entendu, prendre un chiot. Si, en revanche, vous n'avez pas beaucoup de temps à lui consacrer, si vous tremblez à l'idée d'un pipi sur la moquette et si vous vous résignez à prendre un chiot simplement parce que vous pensez qu'il vous sera plus attaché qu'un jeune chien ou qu'un chien adulte, vous vous trompez du tout au tout.

Un jeune chien de quatre ou six mois s'attache exactement de la même manière à son maître qu'un chien de deux mois : il lui faudra simplement quelques jours de plus.

Dans le cas du Corso, le choix d'un sujet adulte peut être plus problématique : ce chien entretient, en effet, un rapport d'amour très fort avec son maître et il n'accepte pas facilement d'en changer. L'acquisition d'un chien adulte n'est donc conseillée qu'aux véritables experts en psychologie canine, idéalement spécialistes de cette race en particulier : si ce n'est pas votre cas, vous risquez de rencontrer certains problèmes.

Le tableau récapitulatif ci-contre passe en revue les arguments principaux pour et contre qui se posent face au choix d'un jeune chien ou d'un chien adulte. Sous la catégorie « variable » sont regroupés les points pouvant être négatifs ou positifs selon la situation.

JEUNE CHIEN (DE QUATRE À DOUZE MOIS)

Pour

- Son physique et son caractère sont encore malléables et les ennuis domestiques du début vous sont épargnés. Le jeune chien ne fait plus ses besoins dans la maison (ou, si c'est encore le cas, il apprend bien vite à ne plus les faire). Ses dents d'adulte sont déjà en place et il ne passe plus son temps à rogner tout ce qu'il trouve. Il connaît, en général, déjà la signification des ordres de base comme « ici ! » et « non ! ».
- Un expert peut déjà évaluer à 80 % ses possibilités de carrière comme chien d'exposition ou de travail.

Contre

- Il vous demandera beaucoup de temps (mais déjà moins qu'un chiot).
- Il fera moins de dégâts que le chiot mais d'une envergure supérieure !

Variable

- Il aura été partiellement influencé par l'éducation et le traitement reçus précédemment : un point des plus positifs si l'éducation et les traitements reçus ont été de qualité, mais pouvant se révéler un vrai désastre dans le cas contraire.
- Si le sujet est très beau ou s'il fait preuve d'une aptitude prononcée pour le travail, son prix sera plus élevé que celui d'un chiot. On peut, à l'inverse, trouver un jeune chien qui a raté de justesse son rendez-vous avec la gloire pour un détail mineur (une dent manquante par exemple) : s'il le pénalise en exposition, ce défaut n'est en rien un problème pour celui qui désire un animal de compagnie. On peut donc, avec un peu de chance, tomber sur un excellent chien à un prix raisonnable (c'est dans l'intérêt de l'éleveur de vous le céder).

ADULTE (AU-DELÀ DE DOUZE MOIS)

Pour

- Si vous désirez un sujet d'exposition ou si vous ambitionnez les épreuves de travail, l'adulte est le seul chien pouvant offrir une certaine garantie, voire de bonnes espérances.
- Il sera immédiatement utilisable comme reproducteur.
- Il demandera moins de temps, moins de soins et moins d'attention qu'un chiot ou qu'un jeune chien (par conséquent, il vous coûtera moins cher).
- Il courra moins de risques qu'un chiot ou qu'un jeune chien sur le plan hygiénique et sanitaire.
- Vous saurez avec certitude s'il est épargné par la dysplasie de la hanche ou toute autre pathologie héréditaire.

Contre

- Des difficultés d'adaptation seront inévitables au début.
- Il restera moins de temps avec vous.
- D'éventuels comportements fâcheux (comme une agressivité envers les autres chiens) pourront se trouver bien ancrés chez lui et, par conséquent, être difficiles à corriger.

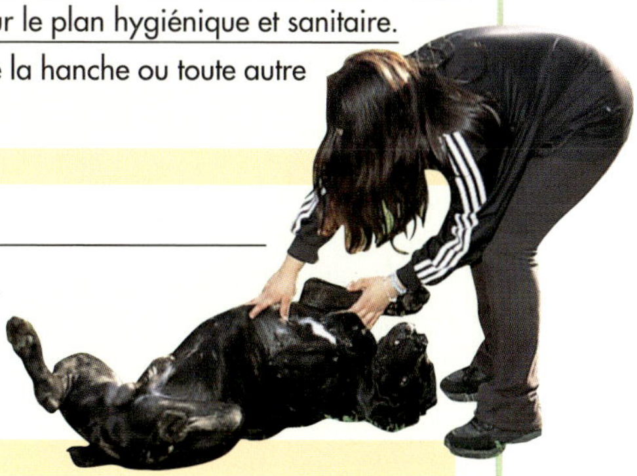

Variable

Un chien qui a déjà remporté des succès et/ou des titres (en exposition de beauté ou en épreuve de travail) est un animal coûteux. Mais, si vous souhaitez juste un chien « normal », vous pouvez l'obtenir à très bas prix, voire gratis. Certains éleveurs sont heureux de confier leurs sujets adultes à une famille, quand ils ne peuvent plus les utiliser à des fins sportives ou commerciales. Ces chiens ont tout autant d'amour à donner à des maîtres qui sauront bien s'occuper d'eux.

Une décision rationnelle

Ne rêvez pas sur une envie de « bébé chien » : on ne prend pas un Corso avant qu'il ait atteint l'âge de deux mois, idéalement trois mois. Aucun éleveur ne vous cédera jamais prématurément un chiot ; en revanche, un particulier pourrait faire cette erreur, acculé par toutes sortes de problèmes quotidiens à gérer et impatient de se débarrasser d'une portée sympathique, mais envahissante. Le fait que le chiot soit capable de manger seul ne signifie pas qu'il soit prêt à laisser sa mère : attendre le bon âge vous mettra à l'abri de problèmes d'ordre physique et psychologique chez le chien.

Sur quels critères doit-on choisir le Corso idéal ? Si vous êtes certain d'avoir trouvé un excellent éleveur, comme nous l'avons déjà évoqué, vous pourrez vous faire conseiller par cet expert après lui avoir bien spécifié le genre de chien que vous désirez, avec l'emploi que vous souhaitez lui assigner. Si vous n'êtes pas sûr à cent pour cent que l'élevage vous convienne, cherchez alors à savoir si les chiots sont typiques et s'ils sont en bonne santé.

L'EXAMEN DE LA TÊTE

L'intérieur des oreilles doit être propre et n'exhaler aucune odeur. Une forte odeur peut signaler la présence d'acarus (teigne de l'oreille)

Les yeux du chiot doivent être joyeux, vifs et surtout propres. Une abondante sécrétion lacrymale est toujours mauvais signe : fraîche, elle peut être le symptôme d'une irritation (conjonctivite) ; sèche (« chassie »), elle doit vous alarmer plus sérieusement car il peut s'agir d'un symptôme de la maladie de Carré. Attention : dans le cas où un seul des chiots montre le symptôme d'une grave maladie, il convient d'écarter non seulement le sujet en question, mais la portée tout entière. Il est fort probable, en effet, que l'infection se soit déjà propagée à tous les membres de la portée, ce chien (peut-être parce qu'il est le plus faible) n'étant que le premier à manifester les symptômes

Les muqueuses doivent être bien pigmentées (noires) : jusqu'à trois mois, en revanche, la pigmentation peut être incomplète. Quelques taches rosées chez le petit chiot n'ont rien d'alarmant, mais si elles persistent au-delà des trois, quatre mois, elles deviennent alors un défaut.
La denture du chiot est composée de dents de lait, non définitives, et l'on ne peut donc pas savoir si elle sera complète. Il est possible, en revanche, de voir si le prognathisme est correct

LES DIFFÉRENTS TYPES DE FERMETURES

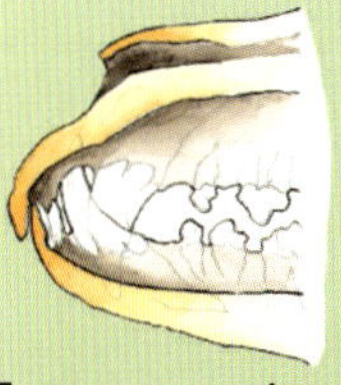

Fermeture en ciseaux

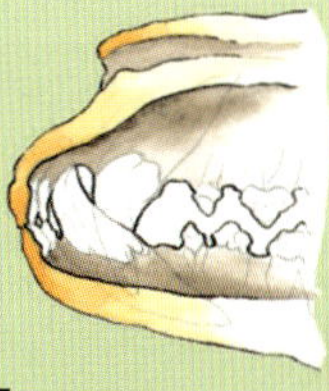

Fermeture en tenaille

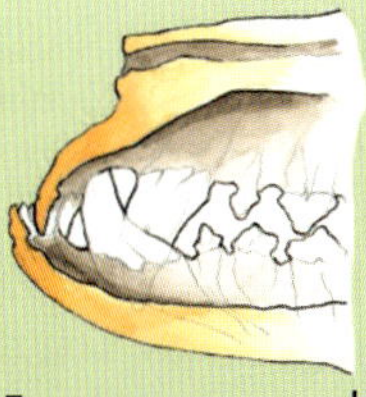

Fermeture prognathe

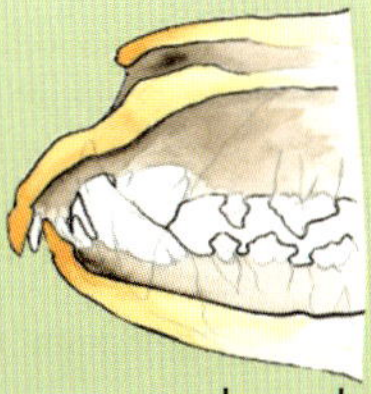

Fermeture endognathe

Tailler ou non les oreilles

Cela s'imposera peut-être, ou peut-être pas : à l'heure actuelle, la taille des oreilles chez le Cane Corso est encore un facteur facultatif ; mais c'est un choix toutefois favorisé en majorité parmi les éleveurs et les particuliers propriétaires de Corso. Il est conseillé d'acquérir un chiot dont les oreilles sont déjà parfaitement cicatrisées.

L'EXAMEN DU CORPS

Le poil du chiot doit être brillant et pratiquement inodore (mis à part l'odeur, normale, de « couche »). La présence d'une ou deux puces n'a rien d'alarmant : il est, en effet, quasiment impossible d'éliminer toutes les puces d'une portée, surtout au sein d'un élevage. Une sérieuse infestation, en revanche, potentiel terrain favorable pour l'éclosion de problèmes graves (comme l'anémie), est le signe de mauvaises conditions sanitaires au sein de l'élevage

Un abdomen tendu et gonflé peut signifier la présence de parasites intestinaux. Attention : s'il vient de manger, même si le chiot est en parfaite santé, il aura de toutes façons le ventre tendu et gonflé. Dans ce cas, il faudra répéter l'observation quelques heures plus tard. La peau du ventre doit être lisse et rosée, exempte de pustules et/ou de rougeurs

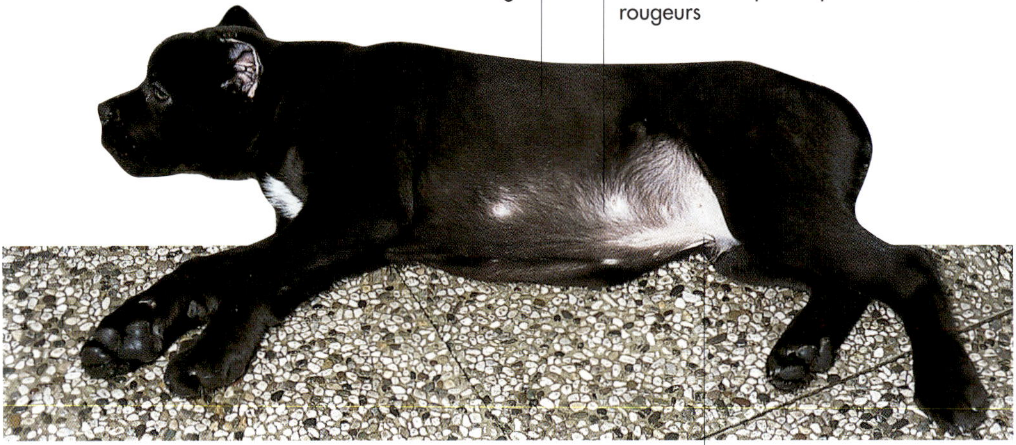

Au-delà de l'âge de deux mois, le chiot mâle doit avoir les testicules déjà descendus dans le scrotum : ils ne sont pas toujours très visibles, mais on peut bien les sentir à la palpation. L'absence d'un testicule, voire des deux est un grave problème héréditaire qui exclut le chien d'office des expositions et de la reproduction : si les testicules ne sont pas encore en place, il faut retarder le délai d'acquisition. En plus d'être héréditaire et, par là même, transmissible à la future progéniture, ce défaut peut être source de problèmes chez le chien : soumis à une grande chaleur, le testicule retenu dans l'abdomen peut dégénérer en tumeur, et il faut donc alors recourir à une opération chirurgicale pour l'enlever. La zone péri-anale doit apparaître propre. Des taches jaunâtres autour de l'orifice anal signalent des diarrhées et, donc, des problèmes intestinaux ou la présence de parasites

Un futur champion ?

Si vous vous rendez dans un élevage dans le but d'acquérir un chiot d'exposition, l'éleveur peut vous montrer les qualités du chiot en le plaçant comme s'il était un véritable chien d'exposition. Vous pourrez alors observer si le chiot démontre déjà un certain « sens du ring » : un petit Corso qui se place avec fierté dénote un caractère adéquat pour aller en exposition.

L'évaluation du caractère

Observer les jeux des chiots permet de déceler certains traits de caractère. En ce qui concerne le Corso, cet exercice est très révélateur. Les chiots très dominants feront déjà les petits malins avec leurs frères, les tirant par la peau du cou ou par la queue en cherchant à les plier à leur bon vouloir. Ce type de chiot tentera de faire la même chose avec son maître ; c'est pourquoi il aura besoin d'être dirigé d'une main ferme et décidée.

QUELLES QUESTIONS POSER À L'ÉLEVEUR ?

Lorsqu'on acquiert un chien, il est tout à fait normal de submerger l'éleveur de questions... Encore faut-il poser les bonnes questions !

Inutile de demander un champion à tout prix : ce genre de requête est une invitation à l'escroquerie, car personne ne peut prévoir si un chiot de peu de mois deviendra à coup sûr un champion de beauté. Contentez-vous d'indiquer à l'éleveur que vous envisager de présenter le chien en exposition : dans son propre intérêt, l'éleveur vous confiera alors le chien le plus prometteur dont il dispose, car ce chien fera sa renommée ou tout du moins attestera le professionnalisme de l'élevage dont il provient. Aucun éleveur sérieux ne peut se contenter de voir son affixe apposée à des mentions « bien » ou « assez bien », car ce serait une bien piètre publicité (« bien » désigne un chien médiocre ou qui n'a pas suffisamment plu au juge. La seule qualification reconnue en exposition est celle d'« excellent », la mention « très bien » étant généralement accueillie avec une pointe de regret, la mention « bien » la mort dans l'âme et la mention « assez bien » faisant carrément le désespoir du propriétaire...).

Si vous souhaitez un chien de compagnie, nul besoin de demander le chiot le plus beau qui soit : ce qu'il vous faut, c'est un chien au bon caractère, et c'est là-dessus que vous devez insister.

En général, les caractères psychophysiques du chiot dépendent en grande partie de celles de ses parents ; ayez ainsi à cœur de vous informer sur son père et sa mère. Observez-les attentivement tous deux et tentez d'en évaluer la beauté et le caractère. Si le père ne vit pas dans l'élevage (un cas très fréquent), demandez à voir des photos ou une vidéo.

Cherchez à savoir s'il s'agit en l'occurrence de chiens tout à fait ordinaires ou bien de sujets pouvant se prévaloir de résultats prestigieux en expositions ou en disciplines sportives (voir page 93).

Renseignez-vous sur les maladies héréditaires, la dysplasie de la hanche en particulier (voir page 68) : si les parents n'en ont pas, cela ne garantit pas à cent pour cent que le chiot sera épargné par ce genre de maladie, mais il présentera déjà plus de chance d'être épargné.

Ce n'est qu'après avoir posé les questions indispensables et fait les observations qui s'imposent que votre choix sera validé par les garanties nécessaires de sérieux ; le reste dépend de vous, car la croissance d'un futur chien adulte est déterminée en grande partie par la manière dont il est élevé, éduqué, nourri...

Quelques bons conseils

Demandez toujours des indications sur l'alimentation du chiot : au moins durant les premiers temps, vous devrez éviter autant que possible d'en changer. Demandez à l'éleveur de vous donner un peu de la nourriture dont il alimente habituellement le chiot : vous ne pourrez peut-être pas vous procurer exactement les mêmes repas en magasin animalier et il vaut mieux vous prémunir afin de pouvoir offrir au chiot la nourriture à laquelle il a été habitué. Vous éviterez ainsi d'ajouter un facteur de stress supplémentaire à celui, inévitable, du changement d'environnement.

Un autre petit truc pour limiter le stress : demandez à l'éleveur de vous donner un bout de tissu ou une couverture provenant de la niche où votre Corso a vécu jusqu'alors. Vous emmènerez ainsi chez vous une odeur qui lui est familière, ce qui l'aidera à surmonter des problèmes d'adaptation.

MÂLE OU FEMELLE ?

Sur la question du sexe, on entend toutes sortes de discours infondés. Avant de choisir, il est important de savoir certaines choses.

- Il est vrai, et plus particulièrement pour cette race, que la femelle est plus douce et docile que le mâle : les différences individuelles parfois démentent cette statistique, et le maître exerce, là aussi, une influence non négligeable, mais la femelle reste toujours immanquablement plus conciliant, surtout pour un maître néophyte.

- Il est faux que la femelle doive obligatoirement avoir au moins une portée dans sa vie.

- La différence de taille entre les deux sexes n'est en rien un critère de choix : quelques centimètres seulement séparent le mâle de la femelle.

- Il est vrai que la femelle est en chaleur deux fois l'an et perd à cette occasion une quantité importante de sang. Il est également vrai que, durant la période œstrale, la femelle attirera de nombreux mâles du voisinage. Il n'est pas difficile toutefois de calmer les ardeurs des amoureux : en général, une gronderie y suffit. Si votre intervention est infructueuse, ramenez la femelle à la maison et attendez un moment plus tranquille pour l'emmener en promenade.

- Il est faux que la femelle s'échappe de la maison quand elle est en chaleur : elle n'en ressent nullement le besoin, car c'est toujours « la montagne qui va à Mahomet » ! Le contraire, en revanche, est vrai : il n'est pas rare qu'un mâle s'échappe de la maison parce qu'il sent l'odeur d'une femelle en période œstrale (il parvient à la sentir à des kilomètres de distance).

- Il n'est nullement vrai qu'un mâle représente à coup sûr un investissement économique. Si certains reproducteurs bardés de médailles couvrent effectivement un grand nombre de femelles, ce qui assure au propriétaire un gain conséquent, le nombre de ces chanceux reste néanmoins extrêmement limité. On voit plus souvent des propriétaires de mâles supplier leur entourage de laisser leur chien monter leur femelle afin de permettre à leur animal d'accomplir au moins une saillie dans sa vie. Dans le cas inverse, une femelle, même médiocre, pourra produire au moins une portée honnête par an et, si son maître se contente d'un prix honnête, il pourra vendre la portée sans aucun problème. Avec une femelle, un propriétaire ne s'enrichit pas nécessairement, mais il peut compter sur un revenu raisonnable. Réaliser des gains avec la monte d'un mâle, en revanche, est à peu près aussi probable que de gagner à la loterie !

LE LIVRET DE SANTÉ

Toute personne qui vend un chien est dans l'obligation de fournir un livret de santé sur lequel figure l'attestation des vaccinations et soins vermifuges déjà effectués ; par la suite, vous y mentionnerez les dates exactes des soins et des rappels.

Le premier vermifuge contre les ascaris (vers ronds très fréquents chez les chiots) s'effectue en général sur le chiot âgé de vingt jours, suivi de deux ou trois rappels à quinze jours d'intervalle. La première vaccination a lieu entre le quarante-cinquième et le cinquantième jour de vie (avant, les anticorps maternels le protègent), suivie d'un premier rappel deux semaines plus tard. Les rappels successifs seront annuels.

Pratiquement tous les élevages utilisent désormais la vaccination quadruple (contre la maladie de Carré, l'hépatite, la leptospirose et la parvovirose), voire septuple (protégeant de maladies rarement contractées dans l'environnement familial mais fréquentes en élevage, comme la « toux des chenils »), mais certains vétérinaires utilisent encore deux vaccins différents : un contre la parvovirose et un triple contre les autres maladies. Dans ce dernier cas de figure, il faut prévoir quatre vaccinations au lieu de deux : si les deux premières ont normalement déjà été effectuées avant que le chiot soit confié à son nouveau maître, c'est à vous qu'il incombe de s'occuper des deux autres vaccinations.

Important : le chiot ne devra sortir de chez vous sous aucun prétexte avant que ses vaccinations ne soient toutes effectuées. De même, il n'aura aucun contact avec d'autres chiens (à moins que vous ne connaissiez très bien le ou les autres chiens en question, exclusivement des sujets parfaitement sains et dûment vaccinés).

Ce fameux test sert à évaluer le degré de domination du chiot, ou plutôt du futur adulte. Pour le Corso, à dire vrai, ce test n'est pas particulièrement probant, car c'est une race presque toujours dominante… qui essaiera donc, à coup sûr, de prendre le commandement chez vous. Si vous souhaitez un chien soumis, ne vous donnez pas la peine de faire le test et choisissez d'emblée une autre race.

Cela étant dit, au sein d'une même portée, le test de Campbell permet de déceler (avec une bonne approximation) qui sont les vrais « petits despotes » (à ne choisir sous aucun prétexte si vous n'êtes pas un expert) et les chiens potentiellement agressifs envers leurs congénères.

Le test doit être exécuté sur un chiot âgé de six à huit semaines, par une personne qu'il ne connaît pas (le futur acquéreur par exemple), dans un espace nouveau et privé de distractions possibles (un enclos, par exemple). Pendant toute la durée du test, il ne faut jamais parler au chiot, ni le féliciter ni le caresser. Avant le test, il convient de préparer un tableau (voir page suivante) où consigner les réponses relatives à chacun des membres de la portée.

Le test s'effectue suivant cinq étapes.

1 – Attraction sociale

À peine entré dans l'enclos, éloignez-vous du chiot en vous dirigeant d'emblée face à l'autre extrémité. Accroupissez-vous, puis battez doucement des mains pour attirer le chiot, sans l'appeler.

2 – Aptitude à suivre

Partez d'un point proche du chiot, commencez à marcher d'un pas normal sans rien faire ou dire qui puisse inciter le chiot à vous suivre.

3 – Réponse à la contrainte

Mettez-vous à genoux et renversez le chiot sur le dos, la panse à l'air. Maintenez-le dans cette position durant trente secondes (une main retenant doucement sa poitrine).

TABLEAU RÉCAPITULATIF

Exercice et comportement correspondant	A	B	C	D	E	F
Attraction sociale						
Vient immédiatement - queue haute - se jette sur vous - mordille vos mains	td	td	td	td	td	td
Vient immédiatement - queue haute - pose ses pattes sur vos mains	d	d	d	d	d	d
Vient immédiatement - queue basse	s	s	s	s	s	s
Vient en hésitant - queue basse	ts	ts	ts	ts	ts	ts
Ne vient pas	i	i	i	i	i	i
Aptitude à suivre						
Suit immédiatement - queue haute - vient entre vos pieds - mord vos pieds	td	td	td	td	td	td
Suit immédiatement - queue haute - vient entre vos pieds	d	d	d	d	d	d
Suit immédiatement - queue basse	s	s	s	s	s	s
Suit avec hésitation - queue basse	ts	ts	ts	ts	ts	ts
Ne suit pas et s'en va	i	i	i	i	i	i
Réponse à la contrainte						
Se rebelle violemment - se débat - mord	td	td	td	td	td	td
Se rebelle violemment - se débat	d	d	d	d	d	d
Se rebelle, puis se calme	s	s	s	s	s	s
Ne se rebelle pas - lèche vos mains	ts	ts	ts	ts	ts	ts
Domination sociale						
Saute sur vous - pose ses pattes sur vos mains - mord - grogne	td	td	td	td	td	td
Saute sur vous - pose ses pattes sur vos mains	d	d	d	d	d	d
Se tourne - lèche vos mains	s	s	s	s	s	s
Se couche sur le dos - lèche vos mains	ts	ts	ts	ts	ts	ts
S'en va et reste au loin	i	i	i	i	i	i
Réaction à la prise dans les bras						
Se rebelle violemment - mord - grogne	td	td	td	td	td	td
Se rebelle violemment	d	d	d	d	d	d
Se rebelle, puis se calme - lèche vos mains	s	s	s	s	s	s
Ne se rebelle pas - lèche vos mains	ts	ts	ts	ts	ts	ts

TOTAL	A	B	C	D	E	F
td	3					
d	1					
s	1					
ts						
i						

Chaque lettre désigne un chiot (A,B,C, etc.). Sous chaque lettre, consigner les résultats des exercices à l'aide du code suivant : td = très dominant ; d = dominant ; s = soumis ; ts = très soumis ; i = inhibé.

RÉSULTATS

Deux réponses td ou plus et quelques d : très dominant, ce chien cherchera à commander dans tous les domaines et à dominer tous ceux qu'il rencontre. Il sera potentiellement agressif envers les autres chiens, plus particulièrement ceux de son sexe. Ce chiot a besoin d'une main ferme et experte pour assurer son éducation. Il n'est pas adapté à un maître néophyte.

Trois réponses d ou plus : dominant. Le sujet pourra être éduqué avec des méthodes cohérentes et non coercitives, mais il sera très actif et très énergique. Il risque d'être agressif envers les autres chiens, mais on peut le ramener à la raison par le biais de la socialisation et de l'éducation.

Trois réponses s ou plus : soumis. Ce chien s'adaptera bien à n'importe quel environnement, il sera un bon compagnon pour les enfants et son dressage s'avérera facile car c'est un chien qui fera tout pour contenter son maître.

Deux réponses ts ou plus, éventuellement accompagnées de quelques i : très soumis. Ce n'est pas bon signe pour un Corso, car ce n'est pas le caractère typique de la race. Ce chien peut manifester des signes de crainte face à de nouveaux stimuli.

Deux réponses i ou plus, surtout dans les exercices basés sur la domination sociale : inhibé. Un chien difficile à socialiser et à dresser, inadapté à la compagnie des enfants : il pourrait bien mordre sous l'effet du stress. Il peut s'agir en l'occurrence d'un chien trop agressif (par peur) ou timide et peureux. À éviter absolument.

4 – Domination sociale

Penchez-vous sur le chiot et caressez-le doucement d'un mouvement unique de la tête vers le cou, puis le long de la colonne.

5 – Réaction à la prise dans les bras

Penchez-vous sur le chiot et saisissez-le sous la panse en croisant vos deux mains. D'un seul mouvement, soulevez-le du sol. Maintenez-le ainsi durant une trentaine de secondes.

Le premier voyage

Le voyage de l'élevage vers son nouveau logis est un événement stressant pour le chiot qui n'est jamais monté en voiture, de surcroît avec de parfaits inconnus. L'idéal est de le confier aux soins d'une personne de la famille, qui le tiendra sur ses genoux avec la couverture imprégnée de « l'odeur de la couche ». Le chiot de Corso se tient généralement assez tranquille. S'il commence à glapir, ne vous précipitez pas pour lui faire un câlin. Répondez d'un « non ! » sec s'il pleure et ne le caressez que lorsqu'il se calme. Faire le contraire (le consoler quand il pleure) est le plus sûr moyen de faire de votre chien un aboyeur : le chiot se rend compte qu'il obtient des cajoleries quand il émet des sons et n'aura de cesse de répéter ce comportement toute sa vie durant.

Si vous faites le voyage seul, munissez-vous d'une niche adéquate. Il est tout à fait interdit de laisser le chiot libre dans une voiture (c'est dangereux pour lui comme pour vous), même si vous le mettez à l'arrière du véhicule, séparé de vous par une grille ou une vitre : le chiot serait ballotté de droite à gauche, ce qui l'effraierait davantage. Un premier voyage traumatisant peut avoir pour conséquence un chien qui souffre du mal des transports pour le restant de sa vie. Si, en revanche, cette expérience se passe bien, elle permettra par la suite d'habituer le chiot doucement et sans problèmes à ce mode de transport (le Corso, généralement, adore les promenades en voiture).

Certains chiots peuvent montrer des symptômes de mal des transport (respiration haletante, bave aux lèvres). Si c'est le cas, faites une halte et descendez de la voiture en tenant le chien dans vos bras. Attendez que son sens de l'équilibre se soit rétabli. Parfois les symptômes sont peu évidents et l'on s'arrête du coup un peu trop tard. Munissez-vous donc d'un rouleau de papier absorbant avant le trajet !

Comment accueillir votre chiot à la maison

Quand le chiot pénètre chez vous, il doit trouver déjà préparé son petit coin à lui, avec deux écuelles, un jouet et un bel os de peau ou de Nylon à ronger.

Les instants de jeu avec son maître doivent représenter la plus belle récompense pour le chiot. Jouez donc ensemble et arrêtez-vous juste quand le chien atteint le summum de l'excitation et du bonheur : vous créerez ainsi un lien de désir fort envers sa balle ou son boudin, et pour les avoir, le chiot sera prêt à tout. C'est la première phase de l'éducation-dressage et elle doit commencer pratiquement dès que le chiot arrive chez vous.

Les os en peau de buffle, que l'on trouve sous différentes tailles dans le commerce, ne sont pas des jouets mais permettent au chien de nettoyer ses dents et de prévenir la formation du tartre. Donnez-lui-en autant qu'il vous plaira. C'est pour lui une occupation agréable qui lui évite, de surcroît, d'aller ronger tout et n'importe quoi dans la maison.

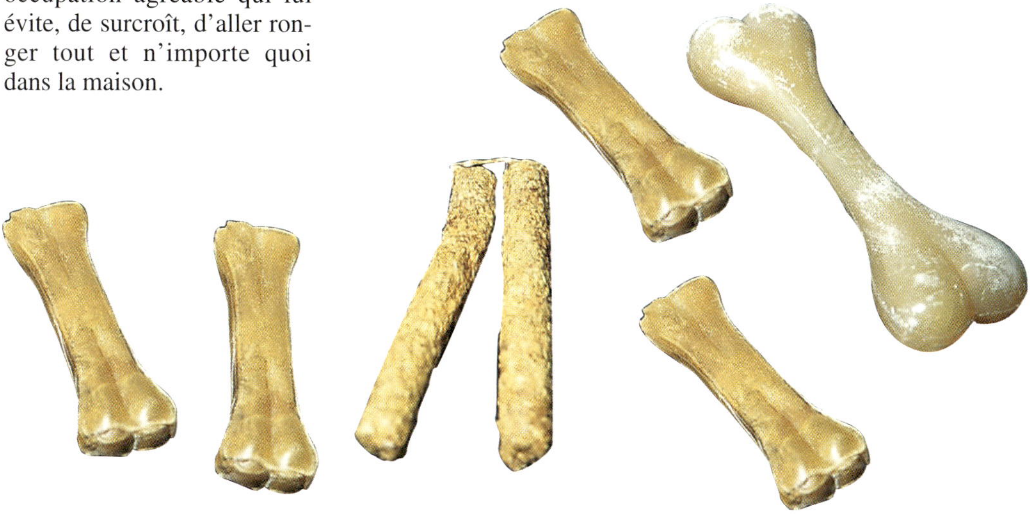

La balle est un jouet idéal pour le Corso, mais attention : elle doit être d'une taille adaptée à la taille du chiot et, surtout, munie d'une corde (ces balles se trouvent facilement dans le commerce). Les bonnes mâchoires du petit Corso sont capables d'avaler de tels objets et la balle pourrait bien finir accidentellement dans la gorge du chiot. La corde permet de réagir immédiatement devant ce genre d'incident.

Le Corso est un rude chien de travail, nous sommes bien d'accord, mais c'est aussi un chien au poil ras d'un bon poids par rapport à sa stature. Si ce chien prend pour habitude de se reposer sur le carrelage, il peut à la longue se blesser les coudes, avec en prime l'apparition d'inesthétiques (et incommodes) callosités. Mettez ainsi un tapis moelleux à sa disposition et habituez-le à rester dessus.

À peine entré dans la maison, le chiot explore, flaire et furète. Laissez-le faire, il doit prendre confiance en son nouvel environnement.

Si vous avez une paroi en miroir chez vous, essayez de faire venir le chiot devant et amusez-vous du spectacle ! Votre petit chien mettra quelques minutes à comprendre que ce n'est pas son frère qu'il a en face de lui !

Tout comme les enfants, les chiots portent tout à la bouche afin de bien se rendre compte de ce qu'ils ont devant eux. Le petit Corso n'a toutefois besoin que d'un seul test pour voir ce à quoi il a affaire. Il est donc indispensable de préparer une maison « à la mesure du chiot », en rendant inaccessible toute installation dangereuse comme les prises et fils électriques, l'idéal étant de débrancher les appareils électriques quand le chiot pénètre dans la maison.

Si le chiot a le mal du pays, parlez-lui doucement pour le tranquilliser et faites-lui quelques caresses. Attention à ne pas exagérer : par-dessus tout, ne vous précipitez pas pour le prendre dans vos bras chaque fois qu'il pleure si vous ne voulez pas qu'il devienne un insupportable pleurnichard !

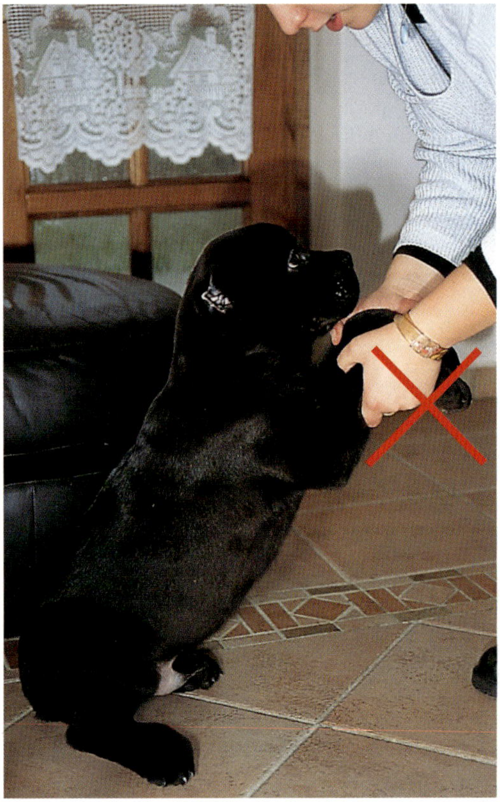

Comment soulever le chiot

Pour soulever correctement le chiot, glissez une main sous la poitrine et l'autre sous le postérieur. Ne soulevez jamais le chiot par les pattes de devant ou vous risqueriez de lui décoller les coudes.

Le premier repas

Une fois la visite de la maison terminée, donnez au chiot un repas léger. Si vous avez emporté un peu de nourriture de l'élevage, donnez-en au chiot, sinon, appelez l'éleveur pour lui demander où vous procurer le même type de nourriture. Un brusque changement d'alimentation, en plus du stress du voyage et de la découverte d'un nouvel environnement, pourrait créer une mini-révolution dans l'intestin du chiot : il vaut donc mieux le faire attendre une petite heure et vous rendre au magasin animalier le plus proche (soyez tranquille, il ne va pas mourir de faim !), plutôt que de lui donner n'importe quel repas pour lui caler l'estomac.

La première nuit

Le Cane Corso n'est pas un pleurnichard… mais un chiot reste un chiot. S'il vient à pleurer la première nuit parce qu'il ne veut pas rester seul, vous pouvez amener son tapis dans votre chambre et recourir à quelques trucs qui aident bien à résorber l'angoisse :

Oui aux paroles rassurantes, un « non ! » sans équivoque à la tentative de sauter sur votre lit, même pour une seule fois, à moins que vous n'envisagiez de dormir avec votre Corso toute votre vie. La cohérence est la qualité indispensable d'un bon maître : ce qui est permis le premier jour doit l'être pour toujours

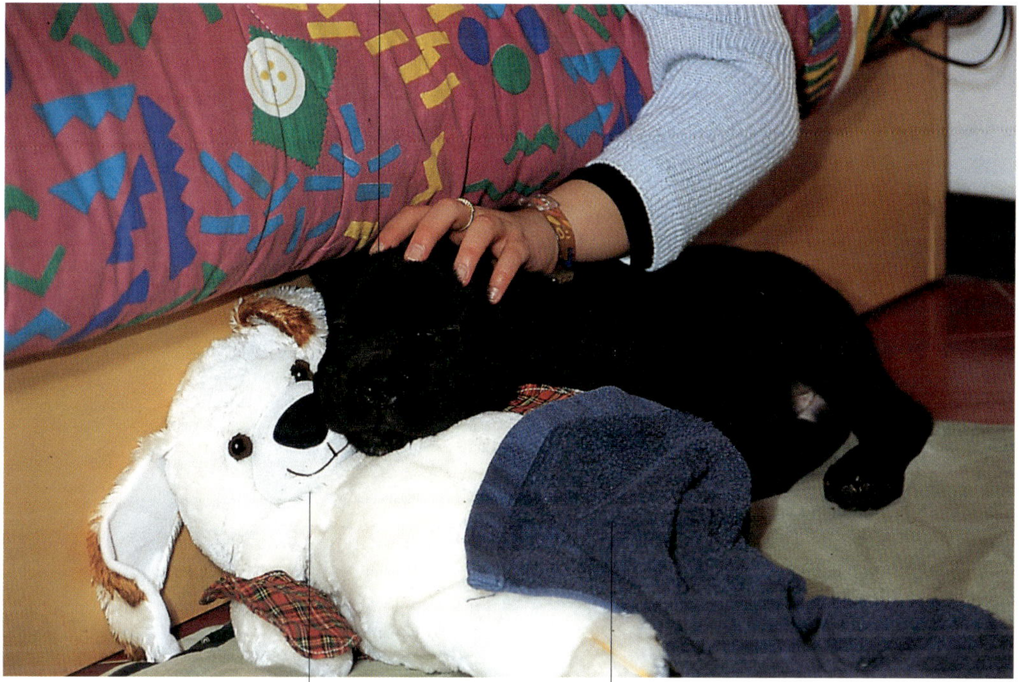

Recréez un semblant de chaleur fraternelle en lui donnant un « frère » en peluche chaud et doux

Laissez à la disposition de votre chiot sa couverture (ou morceau de tissu) imprégnée de l'odeur de son ancienne niche

LE CHIEN ET LE LIT DE SON MAÎTRE

Le maître qui laisse dormir le chien dans son lit n'est pas condamnable dans l'absolu : si l'animal est parfaitement propre, il n'y a aucun problème d'hygiène.

Cette habitude, cependant, doit être gérée de manière à éviter tout dommage psychologique pour le chien : ne permettez pas au chien de se glisser sous vos draps (sous peine de problèmes d'hyperprotection) et ne le laissez en aucun cas devenir le propriétaire de votre lit.

Le maître doit pouvoir obtenir du chien qu'il descende du lit quel que soit le moment où il lui en intime l'ordre, obligeant ainsi l'animal à retrouver son autonomie ; dans le cas contraire peuvent émerger des problèmes d'« angoisse de la séparation » avec, pour conséquences probables, un chien au comportement agressif ou destructeur quand il est laissé seul ou lorsqu'on l'empêche de s'approprier le lit.

Le petit molosse doit absolument être éduqué dès les tout premiers jours : vous ne pouvez pas vous permettre d'attendre qu'il grandisse pour cela, en observant avec amusement les efforts qu'il déploie pour « jouer au dur ».

Si vous ne le corrigez pas sur-le-champ, le chiot va vite acquérir la conviction d'être tombé dans une meute de mollassons où personne ne semble être capable de l'orienter et de le guider tout au long de sa vie ; et dès qu'il sera en âge de le faire, il tentera par tous les moyens de prendre lui-même les rênes.

C'est une attitude des plus normales pour un chien, animal social par excellence : ce fait se vérifie chez les chiens de toutes tailles et de toutes races. À la différence que, si un Yorkshire décide de faire la loi, cela peut prêter tout au plus à sourire. Si c'est un chien de stature importante mais au caractère plutôt soumis, les choses peuvent s'arranger moyennant quelques gronderies un peu fermes. Mais si c'est un Corso qui prend le commandement, le pire est à craindre, d'une part parce que ce n'est pas un chien facile à soumettre une fois la maturité atteinte, et d'autre part parce que même les « fanfaronnades » d'un jeune chien de six mois, qui a peut-être pour seul objectif de tester le terrain (sans aucune intention de mordre vraiment), peuvent intimider un maître débutant et peu versé dans la psychologie canine. Au moment précis où le maître montre sa peur au chien, le chien sait alors qu'il a atteint son but : le maître de famille, c'est lui désormais !

Les premiers ordres : « non ! » « jamais ! »

Les deux premiers ordres que le chien doit connaître sont « non ! » et « jamais ! ». Le premier sera employé pour interrompre une action mal venue en un moment précis, mais pouvant être permise en d'autres occasions (mordiller une chaussure par exemple). Le second sera intimé (d'un ton encore plus ferme) pour les actes rigoureusement interdits, ceux que le chien ne peut accomplir en aucune circonstance que ce soit (comme gronder si on lui enlève son écuelle).

Les gestes de soumission

Si le chiot se jette par terre la panse à l'air quand il est grondé, cela signifie dans son langage : « j'ai compris, je te demande pardon ». D'autres signes de soumission et d'acceptation de l'autorité seront de « donner la patte » et de donner des coups de museau sur votre bras ou sur votre visage.

Il est très important de reconnaître ces gestes : quand le chiot les accomplit, le maître doit alors interrompre toute action punitive.

Poursuivre serait d'une violence incompréhensible (même uniquement psychologique) et un chien ne donnera jamais sa confiance à un adulte-guide qui ne connaît pas les normes les plus élémentaires du savoir-vivre canin.

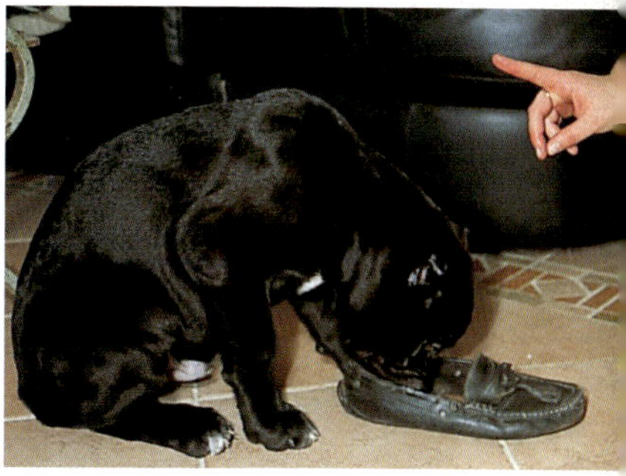

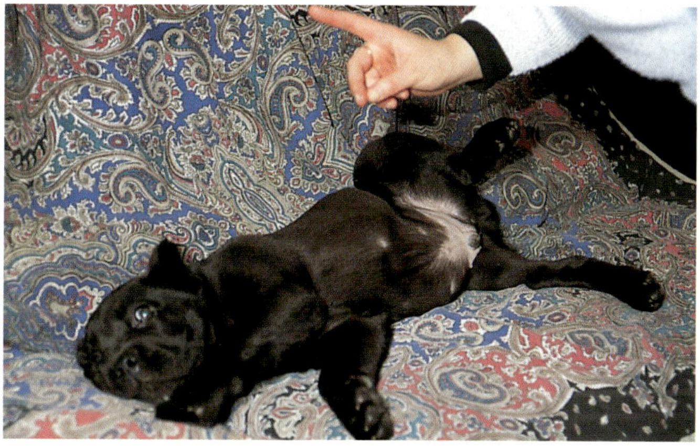

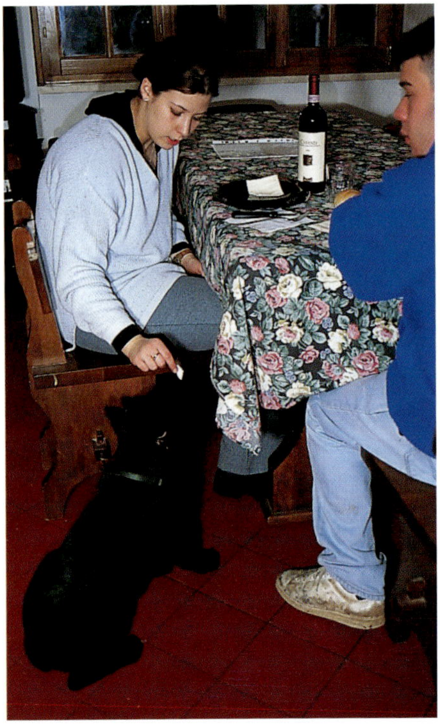

Le « savoir-vivre » canin

La discipline à table est une étape primordiale dans l'éducation de base du chiot : le chien doit comprendre dès le départ que l'on mange à horaires fixes et qu'il est donc inutile de quémander en dehors des repas. Or, c'est bien souvent le maître lui-même qui se fait plaisir en gavant son chien, une habitude désastreuse car un Corso obèse est un chien malade ou en voie de l'être.

Faire ses besoins

À peine arrivé à la maison ou juste après avoir mangé (et surtout après avoir bu), le chiot devra faire ses besoins. Emmenez-le donc au jardin (si vous en avez un) ou rendez-vous dans un lieu tranquille, sûr et peu fréquenté par les autres chiens (car l'odeur des adultes pourrait inhiber le chiot et l'empêcher de se libérer).

Pour cette première sortie hygiénique, il vaut mieux ne pas utiliser de laisse si le chiot n'y a pas encore été habitué : lui imposer une laisse pour la première fois en cette occasion risquerait de fixer l'attention du chien sur cette contrainte nouvelle et lui faire oublier qu'il doit faire ses besoins.

LA PROPRETÉ À LA MAISON

Si le chiot ne peut aller faire ses besoins dehors les premiers jours pour quelque raison que ce soit (vous n'avez pas de jardin ou votre chiot n'a pas encore eu son cycle complet de vaccinations) et qu'il soit donc contraint de les faire dans la maison, essayez de le mettre sur quelques feuilles de papier journal (ou, mieux encore, sur une couche pour bébé) que vous aurez préparées auparavant, en espérant qu'il se libère. S'il fait ses besoins ailleurs, pendant les premiers jours, vous feindrez d'ignorer complètement la chose et nettoierez seulement hors de la vue du chiot, puis vous vaporiserez un produit pour neutraliser les odeurs (on en trouve dans tous les bons magasins animaliers).

Après avoir surmonté le stress de l'arrivée dans un nouvel environnement, le chiot devra être éduqué à la propreté. S'il fait ses besoins dans un endroit interdit, il faudra le gronder d'un « non ! » sévère. Mais attention ! Vous ne pouvez le faire que si vous le prenez sur le fait. Une minute de retard et c'est déjà trop tard : le chien n'étant pas capable de relier une punition à un méfait ayant eu lieu précédemment, il ne comprendrait pas le motif de votre colère. Ainsi donc, si vous arrivez une fois le dommage accompli, nettoyez sans qu'il vous voie et vaporisez un produit pour neutraliser l'odeur.

Sachez enfin que le chiot aime retourner faire ses besoins toujours aux mêmes endroits, là où il sent son odeur. Si donc vous utilisez du papier journal, gardez une feuille imprégnée de son urine et disposez-la parmi les autres, à l'endroit qui doit devenir ses « cabinets ».

Choisissez un lieu clos, sans danger, si possible de dimensions réduites afin que le chiot ne perde pas trop de temps à tout explorer… puis attendez.

À peine le chiot s'est-il libéré que vous devrez lui faire force compliments, puis vous le ferez jouer un peu. Une récompense après une action correcte est beaucoup plus efficace qu'une punition après une faute.

Si le chiot fait dans la rue, n'oubliez jamais de ramasser ses crottes à l'aide d'une petite pelle jetable que vous aurez toujours avec vous. Aimer son chien, c'est aussi l'aider à ne pas causer de problèmes ou de gêne pour les personnes qui ne vivent pas avec lui.

LES HORAIRES DE SORTIE

Pour un chiot de deux mois :
- à chaque réveil ;
- après chacun des repas ;
- après avoir bu ;
- d'une manière générale, toutes les heures.

Après l'âge de cinq mois : toutes les deux heures.

Après l'âge de six ou sept mois : quatre sorties par jour.

Comment bien contrôler le chiot

Quand vous lui apportez son repas, empêchez le chiot de se rapprocher de son écuelle (en lui disant « non, attends ! », la main tendue devant son museau) avant que vous ne lui en donniez l'ordre. Par la suite, vous répéterez ce « jeu » hors des repas, en lui offrant une friandise qu'il n'aura le droit de manger que sur votre ordre.

Il est conseillé d'éviter de donner l'ordre « mange ! » mais d'utiliser, à la place, un « code secret » que seuls les membres de la famille devront connaître, cela afin d'éviter que toute personne mal intentionnée puisse empoisonner votre chien. Ainsi, ce « jeu » non seulement renforce l'autorité du maître mais également permet de protéger le futur chien de garde de tout éventuel empoisonnement.

Attention : le chien de garde doit toujours recevoir l'ordre de manger avant de commencer à le faire, et cela de manière impérative.

Le chiot doit permettre à tous les membres de la famille de lui soustraire l'écuelle (ou l'os) sans montrer de signe d'agressivité. Pour l'habituer à cela, vous mettrez les premières fois votre main dans l'écuelle tandis que le chiot mange, en lui parlant doucement et en intervenant d'un sec « jamais ! » s'il gronde ou tente de vous mordre (si le chiot insiste dans son attitude agressive, vous pouvez lui donner une petite tape sur le museau).

Par la suite, vous soustrairez au chiot son écuelle pendant quelques secondes, en lui donnant toujours à la place quelque chose d'autre à manger (un morceau de viande ou de fromage, une croquette), puis vous lui rendrez son écuelle immédiatement après, en le félicitant beaucoup et en le fêtant joyeusement.

Le « jeu du troc » renforce l'autorité du maître et atténue la possessivité du chiot envers la nourriture, un trait de caractère pouvant être dangereux quand le chien vit avec des enfants. À ce propos, rappelons que les enfants ne doivent jamais se livrer à ce jeu avec lui, si ce n'est sous le contrôle d'un adulte.

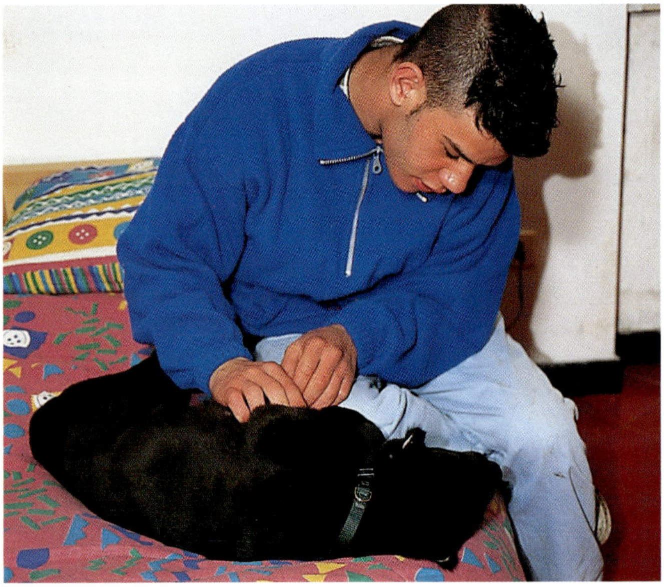

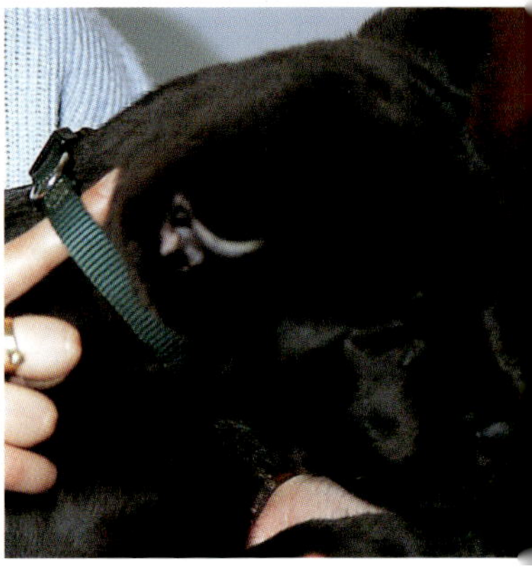

Premières expériences avec le collier et la laisse

Un chiot de Cane Corso ne montre en général aucune réaction particulière quand on lui enfile un collier pour la première fois. Quelques sujets toutefois peuvent se sentir gênés et se gratter un peu, mais il suffit alors de les faire jouer (ou de leur donner quelque chose à manger) juste après leur avoir mis le collier pour que le problème disparaisse.

Le collier ne doit pas être trop serré afin de ne pas gêner le chien, mais il ne doit pas être trop lâche non plus (car le chien pourrait passer la tête hors du collier à la première occasion, chose dangereuse, surtout en ville) : la distance idéale entre le cou et le collier est d'environ un centimètre.

Quand le chiot sera habitué au collier, vous pourrez l'emmener faire sa première promenade : cet événement sera pour le chiot une nouvelle « crise » car il devra s'habituer à la laisse. Garder un jouet à la main (ou une friandise) et le montrer au chien vous sera d'une grande aide car le chiot vous suivra en cherchant à l'attraper, sans penser à la contrainte de la laisse.

NON AU HARNAIS !

Le chiot doit porter exclusivement un collier, jamais un harnais. Ce type d'attache est pourtant souvent recommandé par les commerçants, avec l'argument que l'instrument en question gêne moins le chien et l'habitue plus facilement à la conduite en laisse.

Or, le harnais a deux effets négatifs sur le chien : il l'incite à tirer et le contraint à avancer beaucoup trop fléchi sur ses pattes, ce qui entrave notablement le mouvement. En exposition, le harnais est interdit, notamment parce qu'il recouvre une partie du chien, ce qui ne permet pas au juge de bien l'observer.

Si le chiot refuse de poursuivre, n'essayez jamais de le forcer à tout prix. C'est non seulement totalement inutile, mais également dangereux : le Corso ne cède pas facilement et tirer avec force pourrait endommager les muscles de son cou.

Voici un bon moyen d'éviter des drames lors des premières sorties en laisse : demandez dans votre entourage à quelqu'un dont le chien est déjà habitué à la laisse de vous accompagner en promenade. Tout à sa joie de suivre un compagnon quadrupède, votre chiot fera moins de cas de cette nouvelle contrainte et s'y habituera en douceur.

UNE LONGUE MAIN RASSURANTE

Il est fondamental que le chien, dès sa prime enfance, entretienne un rapport harmonieux avec sa laisse et qu'il n'y voie nulle contrainte. Étant pour lui un prolongement de la main de son maître, la laisse constituera un lien supplémentaire d'amitié et de confiance.

Si les premières approches ont été traumatisantes, le travail qui s'ensuivra sera bien plus difficile : il faut donc encourager le chien à voir dans sa laisse un instrument agréable, plutôt qu'un ennemi, mais il devra aussi la « respecter » et ne pas la voir comme un simple jouet supplémentaire.

Les erreurs à ne pas commettre :

- secouer brutalement le chiot qui ne veut pas marcher en laisse ;
- frapper le chien avec la laisse (même doucement) ;
- laisser le chiot disposer de sa laisse à volonté, lui permettre de jouer avec ou de la mordiller (le laisseriez-vous mordre votre bras ?).

Lors des premières promenades, il n'est pas rare de rencontrer des objets ou d'entendre des bruits, sources potentielles d'effroi pour le chiot, par exemple une bouche d'égout, un grillage ou même un manège pour enfants. Le Corso a beau être un chien courageux, à deux ou trois mois, il ne peut pas prétendre tout surmonter ! Si vous rencontrez ce type de problème, ne forcez jamais votre chien à vaincre sa peur par des coups de laisse ou des paroles dures, mais ne vous précipitez pas non plus pour le prendre dans vos bras : cherchez plutôt à le rassurer en lui parlant doucement et dépassez-vous-même l'obstacle pour lui montrer, avec force patience et douceur, qu'il n'y a rien à craindre.

Jeu et éducation

Tous les enseignements, même les plus simples, s'accompagnent d'instants de jeu. Attention cependant à la manière de jouer. Le jeu du « tirer à soi », qui se pratique avec un chiffon, une balle ou un bâton, stimule la possessivité du chien ; c'est donc un jeu à éviter avec des sujets de type dominant (à moins que vous ne souhaitiez en faire un chien de travail ; dans ce cas il vaut mieux que seule une personne qualifiée et experte se livre à ce jeu avec le chien).

Faire « danser » une balle, un chiffon ou un bâton devant le chiot stimule son instinct prédateur. Également employée pour éduquer les chiens de travail, c'est une pratique en revanche déconseillée sur un animal de compagnie (voir « Le Cane Corso et les enfants », page 90).

Un jeu utile (et sans effets secondaires pervers) : le jeu du rapport. Lancez la balle et vous pouvez être sûr que votre chien courra pour aller la chercher, puis invitez-le (par des gestes et des mots doux) à vous la rapporter. Le chiot aura tôt fait de comprendre que le jeu ne peut recommencer que s'il vous redonne la balle et il s'y amusera beaucoup.

Tous les chiens aiment le contact physique avec l'être humain. Une lutte « corps à corps » avec son maître représentera pour l'animal la récompense suprême. Dans le cas précis de cette race, il devra s'agir d'une lutte particulièrement douce. Gardez toujours le jeu sous contrôle et arrêtez-le sur-le-champ au premier signe de comportement dominant de la part du chiot. La « lutte libre » est une excellente manière d'enseigner au chien à se contrôler et à accepter la volonté du maître.

L'importance de la socialisation

Les promenades constituent un exercice très utile de socialisation : le chiot, tout comme le jeune chien, doit rencontrer le plus de monde possible. Il est important que, durant ces toutes premières sorties, le chiot ait un contact heureux avec des personnes amicales et bienveillantes qu'il croisera sur sa route. Cela lui servira, par la suite, à affermir sa confiance dans l'être humain. Si lesdites personnes acceptent du s'agenouiller au niveau du chiot, de se laisser flairer, c'est parfait. Mais si vous n'êtes pas sûr de votre voisinage, vous pouvez toujours demander à un ou une ami(e) de « passer là par hasard » afin de permettre au chiot de faire une rencontre agréable.

Il est fondamental pour le chiot de Corso d'apprendre à connaître ses semblables. Emmenez-le dans des endroits fréquentés par les chiens et faites en sorte qu'il rencontre des sujets amicaux, chiots ou adultes. Renseignez-vous auprès du maître sur le caractère du chien que votre chiot rencontre.

NE COUREZ PAS DE RISQUES INUTILES

Une bonne socialisation, dès le plus jeune âge, peut vous éviter des surprises désagréables une fois le chien adulte, par exemple de vous faire littéralement entraîner par la laisse si votre chien décide d'aller attaquer un de ses semblables aperçu au loin avant même de savoir s'il a affaire à un mâle ou à une femelle ou à un chien agressif ou inoffensif. Cela ne signifie pas pour autant que votre Cane Corso doive obligatoirement être disponible à cent pour cent pour nouer des amitiés avec les autres chiens. Au contraire !

Les mâles adultes, c'est un fait, ne s'entendent généralement pas entre eux. Ne tentez donc pas l'impossible et sachez éviter les situations à risques.

UN CHIEN SYMPATHIQUE AVEC TOUT LE MONDE PEUT-IL ÊTRE UN BON CHIEN DE GARDE ?

Le chien de garde ne doit pas attaquer par peur : chez tout animal apeuré qui a la possibilité de choisir, l'instinct de la fuite est plus fort que l'incitation à l'attaque. Un chien peureux ne peut ainsi être bon gardien que s'il est empêché de fuir (attaché par exemple), ce qui limite considérablement son champ d'action.

Le « vrai » chien de garde défend spontanément son territoire comme il le ferait dans la nature : il ne doit pas penser que l'intrus est dangereux, mais juste qu'il envahit sa maison.

Comme cette situation ne lui plaît pas, il prévient l'intrus qu'il vaut mieux rester au loin, et cela indépendamment du fait que l'intrus lui semble sympathique ou antipathique.

Si l'intrus ignore les avertissements du chien, il y aura lutte ; dans ce cas également, le chien ne doit absolument pas être intimidé par son adversaire (sinon il fuirait, comme nous l'avons expliqué plus haut). On peut donc en déduire qu'il est impératif pour le chien de garde de bien connaître les humains et de ne pas les craindre : c'est précisément ce que l'on obtient en socialisant un chien autant qu'il est possible de le faire, en lui permettant de rencontrer un grand nombre de personnes.

LE JEUNE CHIEN

Pas encore parvenu à la maturité d'un chien adulte, mais ayant déjà dépassé l'âge du chiot, le jeune chien est en quelque sorte un « adolescent ». On considère comme « jeune chien » un animal dont l'âge est compris entre quatre et quatorze mois (au maximum). Il est faux de croire qu'une année de vie canine correspond à sept ans de vie humaine. Cela peut sembler réaliste après l'âge de trois ans, pour le chien, mais jamais avant. Un chien d'un an, par exemple, est déjà sexuellement actif et son développement psychophysique est proche d'un chien adulte. On ne peut donc faire, dans ce cas, aucun rapprochement avec un enfant de sept ans et il serait plus juste de considérer qu'un chien d'un an est comparable à un adolescent de dix-huit ans.

Entre l'âge de quatre mois et l'âge de douze mois, le chien traverse une période de croissance intense et se développe très rapidement sur le plan psychique, ce qui ne correspond à aucune réalité chez l'être humain, dont le développement est beaucoup plus lent et graduel. On peut toutefois donner une idée de la réalité en rapprochant le jeune chien de l'adolescent.

Le fait que le chien, dans le seul intervalle d'une année de vie, traverse toute la période de l'enfance, est suffisamment éloquent pour comprendre qu'il s'agit là d'une phase clé, du point de vue physique comme du point de vue psychique.

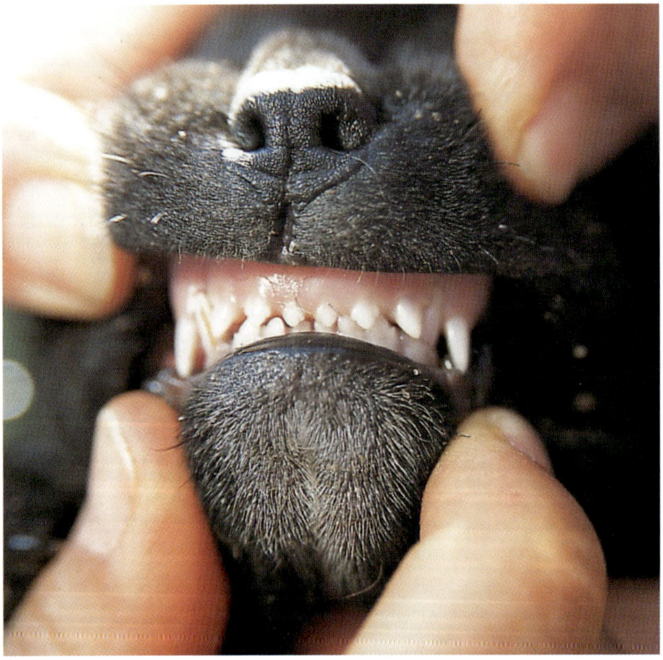

La denture

Entre l'âge de quatre mois et l'âge de six mois, le jeune chien perd ses dents, exactement comme les enfants.

Il faut contrôler la bouche avec attention durant cette période, car les dents nouvelles poussent avant que les dents de lait ne tombent et il peut arriver qu'une dent de lait obstrue la voie d'une nouvelle dent qui arrive.

Si la dent de lait est déjà très mobile, vous pouvez l'enlever vous-même ; autrement, il vaut mieux consulter un vétérinaire.

La conduite en laisse

Le chien qui tire sur sa laisse fait preuve d'un comportement indiscipliné : il faut donc corriger sur-le-champ le jeune chien, et cela dès l'âge de quatre ou cinq mois. L'enseignement de la conduite est la suite logique de l'éducation du chiot pour s'habituer à la laisse. Gardez le chien à votre gauche, donnez lui l'ordre « au pied ! » et raccourcissez la laisse de manière à garder l'animal proche de votre jambe. Tenez dans la main droite le jouet préféré de votre chien que vous lui montrerez pour attirer son attention et gardez celle-ci fixée sur votre main.

Le rappel

Le rappel est un exercice à enseigner le plus tôt possible, car il est fondamental que le chien obéisse toujours au rappel. Les premiers exercices se feront à l'aide d'une longue laisse. Le chien doit déjà connaître son nom. À cet effet, il faut toujours appeler l'animal (à la maison comme en extérieur) quand ce dernier s'approche de vous. Puis, vous devrez procéder de la manière suivante :

- garder la laisse lâche, sans jamais tirer ;
- appeler le chien de la manière suivante : « *son nom* + viens ! » ou « *son nom* + ici ! » d'un ton joyeux et affectueux, mais également décidé.

Si le jeune chien accourt au rappel, couvrez-le de louanges et de caresses ; puis libérez-le immédiatement de la laisse et faites-le jouer.

S'il n'accourt pas immédiatement, tirez-le doucement à vous avec la laisse. N'allez jamais jusqu'à l'épreuve de force, mais contentez-vous de diriger le chien vers vous. Une fois arrivé à vous, félicitez-le, récompensez-le et faites-le jouer comme s'il était venu spontanément. Votre attitude doit être exactement la même que s'il avait répondu immédiatement.

NE JAMAIS PUNIR LE CHIEN EN PHASE DE RAPPEL

L'exercice du rappel doit être répété deux à quatre fois par jour.

Répondre au rappel doit toujours être source de joie pour le chien, qui ne doit jamais être puni s'il tarde à répondre. L'arrivée près du maître doit toujours être très gratifiante. Si le chien n'obéit pas, vous pouvez donner un léger à-coup en tirant sur la laisse pour rappeler son attention mais, à l'arrivée, le chien doit toujours trouver récompenses et caresses. Ce n'est que lorsque vous aurez obtenu une réponse parfaite à la laisse que vous pourrez lui faire faire l'exercice en liberté, dans un lieu sûr, privé de toute source potentielle de danger ou de distraction.

« Assis ! »

La position assise est naturelle pour le chien ; il la prend spontanément plusieurs fois par jour. Commencez par lui dire « assis ! » chaque fois que vous voyez qu'il est sur le point de s'asseoir. Ainsi le chien commencera à associer l'ordre à la position. Après quelques essais, passez à l'enseignement vrai et propre : tenez le chien par le collier (ou mettez-lui une main sous la gorge pour lui tenir la tête haute) de la main droite et posez la main gauche sur son postérieur en lui donnant l'ordre « assis ! ».

La main sur le postérieur ne doit jamais pousser mais juste accompagner : la pression induirait chez le chien une réaction inverse

« Couché ! »

Il existe plusieurs méthodes pour apprendre au chien l'ordre « couché ! ». Avec le jeune chien, on peut utiliser la méthode traditionnelle, en lui prenant les pattes antérieures et en tirant doucement en avant quand l'animal est déjà en position assise. De nature plutôt dominante, le Corso n'aime généralement pas être manipulé. Il faut donc que ce moment soit assimilé à un jeu plutôt qu'à une contrainte, et vous devrez donc garder une attitude joyeuse. Tout en tirant les pattes du chien, donnez-lui l'ordre « couché ! » qu'il aura tôt fait d'associer à la position.

À peine le chien a-t-il assumé la position désirée que vous devrez le récompenser et le féliciter. Répétez l'exercice deux à quatre fois par jour, jusqu'à ce qu'il y parvienne tout seul.

Comment prévenir l'agressivité

À la laisse, sous le contrôle de son maître, le Corso ne doit pas montrer le moindre signe d'agressivité envers d'autres chiens (à moins qu'il ne soit provoqué).

À quatre ou cinq mois, quand le jeune chien sait déjà bien marcher en laisse, le camp de dressage peut être un bon moyen d'éducation (mais également en ville ou dans un parc, si vous avez autour de vous des amis cynophiles prêts à « travailler » avec vous) pour apprendre à cheminer tranquillement entouré d'autres chiens. Si le chien s'intéresse à ses semblables, et surtout s'il donne des signes d'agressivité, grondez-le sèchement (et cela même s'il a été provoqué. Il a peut-être raison, mais vous ne pouvez pas le lui permettre !).

Si son attention reste fixée sur vous, félicitez-le et faites-le jouer.

« PAS BOUGER ! »

Quand le chien exécute déjà bien les ordres « assis ! » et « couché ! », vous pouvez lui apprendre l'ordre « pas bouger ! ». Mettez-le dans la position que vous préférez, donnez-lui l'ordre « pas bouger ! » et faites un pas en arrière.

Le chien cherchera à vous suivre, mais vous l'arrêterez d'un « non ! pas bouger ! » proféré d'un ton sec. Lorsque le chien aura compris qu'il doit rester tranquille, même pour quelques secondes seulement, vous le féliciterez sans réserve. Lors des exercices suivants, vous vous éloignerez de quatre ou cinq pas, jamais plus, et le maintiendrez en position immobile jusqu'à un temps maximal de trente secondes. Difficile à assimiler pour le jeune chien, cet exercice ne peut s'apprendre que moyennant un apprentissage graduel et une bonne dose de patience. Vous pouvez le lui faire exécuter une ou deux fois par jour.

POURSUIVEZ LES EFFORTS DE SOCIALISATION

Le moyen le plus sûr d'éviter que son chien ne devienne un « animal à problèmes » est de continuer les exercices de socialisation en multipliant les rencontres avec des chiens amicaux et bien éduqués. Jusqu'à l'âge de cinq-six mois, le jeune chien peut encore jouer avec des chiens de son sexe et il est bon qu'il le fasse autant que possible, car cela l'aide à « limer » un peu de l'agressivité naturelle qui est présente en lui.

Après l'âge de six mois, il vaut mieux choisir pour lui, au moins dans les jeux en liberté, la compagnie de chiens du sexe opposé.

Cela ne signifie nullement que deux mâles ou deux femelles ensemble en viennent forcément au conflit ; simplement, il s'agit d'éviter toute « situation à risque », car il en faut peu pour déclencher une bagarre. Ce fait n'est pas l'exclusivité du Corso mais concerne un bon nombre de chiens, toutes races confondues, en particulier deux mâles face à face. Oui donc aux jeux en liberté, mais toujours sous surveillance, en choisissant bien les partenaires de jeu et en se tenant toujours prêt à intervenir sur-le-champ si la situation semble tourner au conflit.

Si vous rencontrez des amis cynophiles lors de vos promenades en ville, prenez le temps de vous arrêter pour un brin de causette. Vous en profiterez alors pour apprendre aux chiens à rester tranquilles ensemble.

Le jeune chien d'exposition

Dès que le jeune chien a atteint l'âge de trois-quatre mois, il faut l'habituer au toilettage, surtout s'il s'agit d'un futur chien d'exposition : mettez-le sur la « table de grooming » et brossez-le en lui parlant doucement, afin que ce moment devienne pour lui une habitude agréable et non pas une contrainte. L'instrument idéal pour la toilette du chien est le gant en gomme.

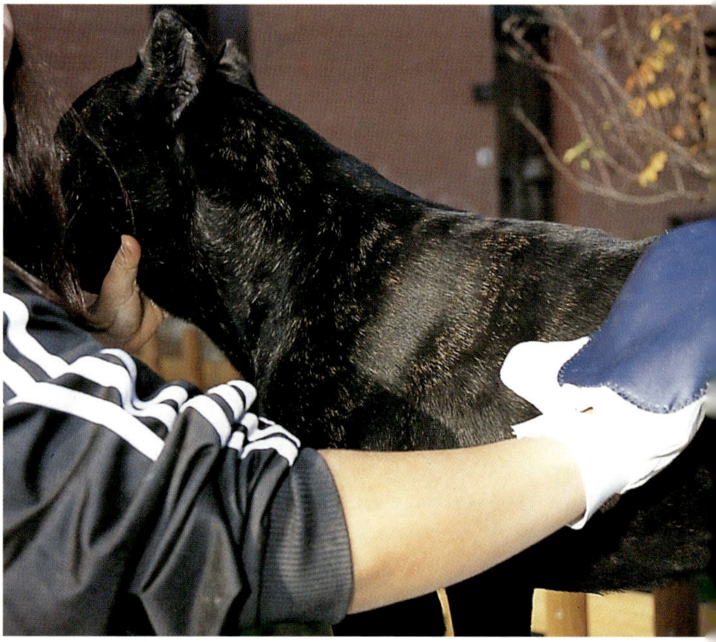

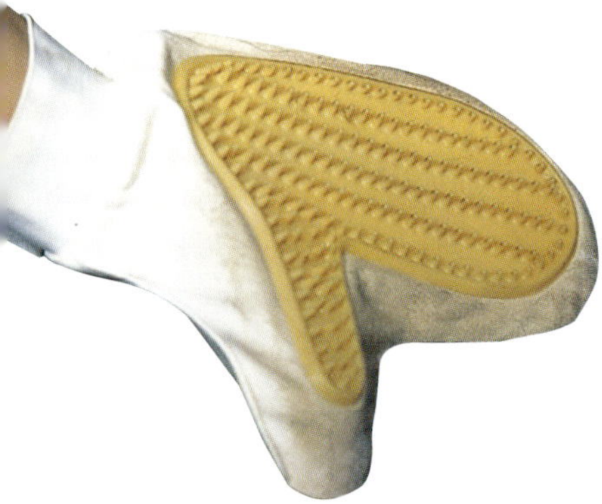

Après avoir passé le gant pour ôter les impuretés et les poils morts, qui peuvent être nombreux selon les saisons, faites briller la robe du chien en passant une peau de chamois.

Le jeune chien doit être habitué à prendre la position « placée », indispensable sur un ring d'exposition.

Aidé d'une personne de bonne volonté qui jouera le rôle du juge d'exposition, habituez le chien à se faire examiner les dents et – si c'est un mâle – à se laisser palper les testicules.

LE CANE CORSO IDÉAL

Ce chapitre rassemble les principales caractéristiques qui distinguent le Cane Corso selon les normes du standard de race.

Le standard définit l'aspect général de ce chien comme étant un animal moyennement grand, fortement charpenté mais élégant, aux muscles puissants et allongés. Il exprime la force, l'agilité et la résistance. Sa stature est celle d'un type médioligne au tronc plus long que la hauteur au garrot.

Les proportions importantes : la longueur du tronc dépasse celle de la hauteur au garrot d'environ 11 %.

La longueur totale de la tête équivaut à 3,6/10 de la hauteur au garrot.

La hauteur du thorax représente 5/10 de la hauteur au garrot et correspond à la hauteur du membre au genou.

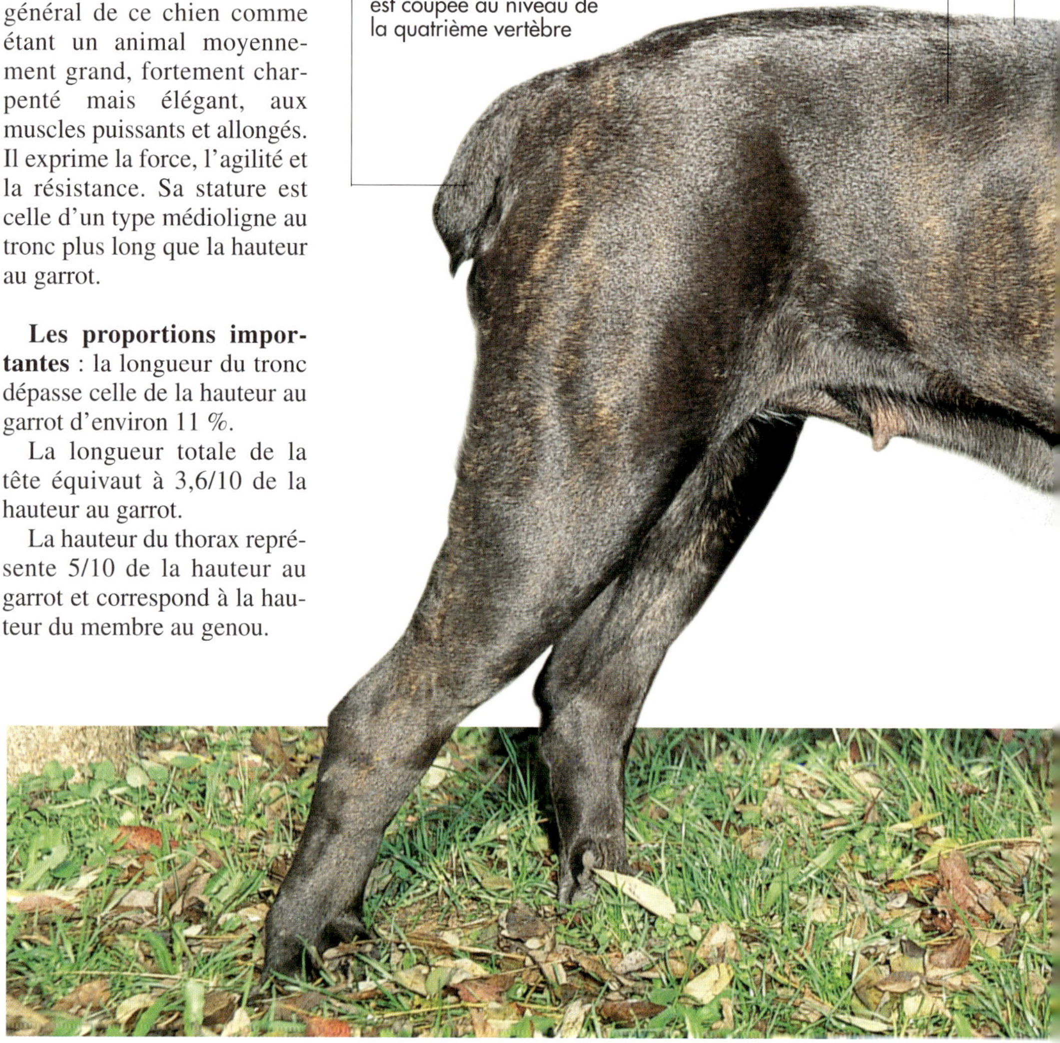

La tête est brachycéphale, c'est-à-dire avec un museau plus court que le crâne. Le crâne représente environ 66 % de la longueur totale de la tête et le museau 34 %. La longueur du crâne est égale à sa largeur

Le stop est très marqué, notamment par la présence de bosses frontales nettement saillantes

Le garrot, haut, long et sec, s'élève nettement sur le plan dorsal et dépasse le niveau de la croupe

Le cou est fort, très musclé, bien détaché d'une nuque marquée. La marge inférieure du cou est pratiquement exempte de fanons

QU'EST-CE QUE LE STANDARD ?

Le standard rassemble les principales caractéristiques morphologiques et psychologiques qui distinguent idéalement une race canine. C'est un document officiel élaboré par la société de race du pays d'origine du chien et approuvé par la FCI. Il fournit aux éleveurs des indications claires sur le choix des sujets à faire reproduire dans le but d'obtenir une sélection qui aille vers une amélioration constante de la race.

Les oreilles sont d'une longueur moyenne, de forme triangulaire et plantées haut, bien au-dessus de l'arcade zygomatique

La truffe est volumineuse, de couleur noire, les narines sont amples, ouvertes et mobiles

Les yeux sont disposés sur la partie supérieure du front ; de grandeur moyenne, ils sont bien distants l'un de l'autre

Vues de face, les lèvres supérieures forment un U renversé au niveau de la commissure ; vues de profil, elles se présentent légèrement pendantes. Le pigment est noir

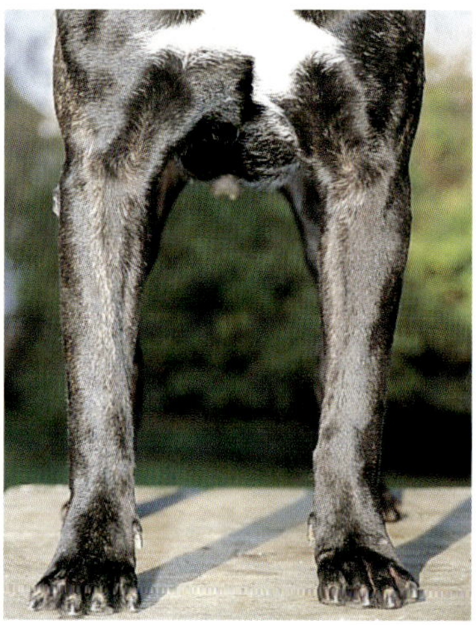

Les membres doivent présenter un aplomb parfait, être forts et robustes.

Les allures que l'on observe en exposition sont le pas et le trot. Au pas, on évalue les aplombs et l'harmonie entre le mouvement de l'antérieur et celui du postérieur. Au trot, on vérifie la fluidité du mouvement à vitesse supérieure : le train postérieur doit être maintenu sur la même ligne que l'antérieur et la ligne dorsale ne doit pas céder.

Un chien doté d'une poussée et d'un allongement parfaits parvient à recouvrir l'empreinte de la patte antérieure avec sa patte postérieure.

La taille se situe entre 64 et 68 cm pour le mâle (ci-dessous à droite) et entre 60 et 64 cm pour la femelle. La tolérance est de plus ou moins 2 cm.

Le mâle pèse 45 a 50 kg, la femelle 40 à 45 kg.

La différence sexuelle doit toujours être bien visible.

ALIMENTATION, SANTÉ ET HYGIÈNE

Les facteurs fondamentaux pour un Corso sain et beau sont les trois suivants : alimentation, hygiène et exercice physique. Si vous excellez dans l'un des trois, mais que vous en négligez un seul, cela s'en ressentira sur l'animal, et votre chien ne sera pas le splendide sujet dont vous avez rêvé quand vous l'avez acheté tout chiot.

Ce chapitre aborde, entre autres, les éventuels problèmes de santé que le Corso peut rencontrer, les visites chez le vétérinaire et ce qu'il faut faire en cas de malaise du chien. Encore une fois, en garantissant à votre chien une alimentation saine, une bonne hygiène et une dose adaptée d'exercice physique, vous réduirez au minimum les occasions de consulter la partie « santé » de cet ouvrage (*dans tous les cas* il s'agit *seulement* d'intervenir dans l'attente de l'arrivée d'un vétérinaire). S'il provient d'une bonne lignée de sang, exempte de tares héréditaires (comme c'est le cas pour tous les chiots nés dans un bon élevage) et si le maître sait s'en occuper de la meilleure façon qui soit, le Corso se révélera un chien robuste et d'une exceptionnelle longévité, gardant une forme de jeune chien jusqu'à un âge avancé.

En ce qui concerne l'alimentation, il faut toujours garder à l'esprit que le chien n'est pas un enfant : même s'il se comporte parfois comme tel, vous implorant de ses yeux irrésistibles quand vous mangez une glace ou un gâteau, n'oubliez jamais que son appareil digestif est différent de celui de l'homme et que certaines friandises (comme le chocolat) sont pour lui un véritable poison.

Il faut également rappeler que, si le chien a une certaine perception du goût, il n'a pas en revanche cette nécessité de varier son alimentation ; ainsi un aliment qui lui convient peut lui être administré toute sa vie durant.

L'hygiène est tout aussi importante que l'alimentation : une robe négligée peut devenir l'habitat de prédilection de toutes sortes de parasites (pouvant être porteurs de graves maladies) ; des oreilles sales sont un terrain propice à l'apparition d'otites, et ainsi de suite. En négligeant la toilette de votre chien, vous pouvez provoquer des dommages comparables à ceux qui arriveraient si vous oubliiez de lui donner à manger.

Enfin, rappelons que le Corso est un chien fait pour l'exercice et non pour la paresse : ses muscles, ses os, son cœur ainsi que ses poumons ont besoin d'action. Le laisser engraisser à paresser sur un canapé, peut-être dans l'idée qu'il est ainsi plus heureux, est une grosse erreur : votre chien finirait non seulement par se rendre malade, mais également par ne pas être heureux du tout.

L'alimentation à tout âge

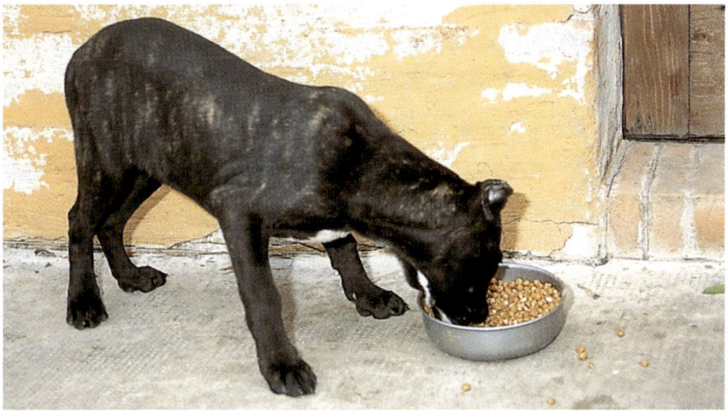

Un chiot de deux mois doit manger trois fois par jour. Les nourritures pour chien que l'on trouve dans le commerce représentent la meilleure source d'alimentation, mais si vous préférez lui préparer vous-même sa nourriture, sachez que le petit déjeuner et le dîner doivent être les repas les plus complets de sa journée (avec de la viande, des céréales et des légumes), le déjeuner pouvant être remplacé par une collation plus légère (flocons de céréales et fromage maigre, yaourt). Ce n'est pas tant à la quantité qu'il faut veiller (qui doit toujours être déterminée par le poids et les conditions générales du chien), mais surtout à la qualité du repas.

Le jeune chien doit manger plus que l'adulte : étant en pleine croissance, il a tout naturellement des besoins alimentaires plus élevés.

À partir de l'âge de deux mois, le chien peut passer à deux repas par jour.

Il est bon de continuer à donner deux repas par jour au chien adulte même si en théorie, un seul repas suffirait : le Corso qui vit en famille vous voit manger au petit déjeuner, au déjeuner et au dîner… et c'est un peu frustrant pour lui de vous regarder quand son écuelle est vide ! C'est donc plus pour un motif d'ordre psychologique que l'on choisira la solution des deux repas : un repas léger le matin et un plus substantiel le soir.

Comme nous l'avons déjà évoqué, le Corso âgé garde l'aspect fier et la joie de vivre d'un jeune chien : cela ne signifie pas pour autant que ses fonctions vitales (y compris ses fonctions digestives) suivent toujours le même rythme. L'alimentation du chien âgé doit ainsi être graduellement réduite, en quantité comme en apport de protéines (viande). Le chien très âgé a souvent des dents abîmées et il lui faut des aliments de consistance molle, faciles à digérer.

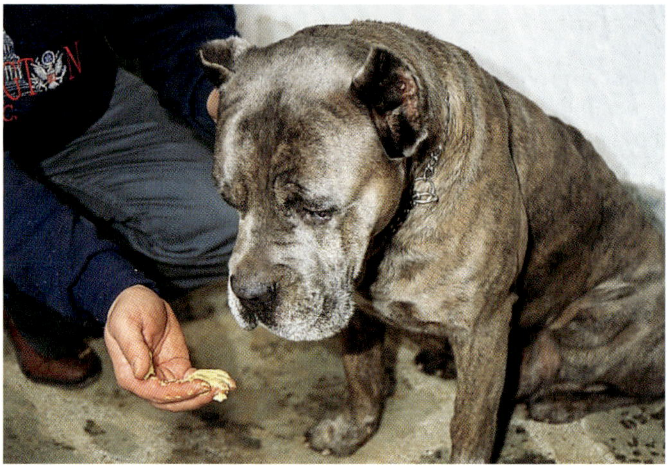

L'importance de la régularité dans les habitudes alimentaires

Avec un chiot, il faut compter dix minutes par repas, une fois que le chiot est devant son écuelle. Passé ce laps de temps, vous devez lui ôter l'écuelle, indépendamment du fait qu'il ait ou non fini son repas. Ce régime « de fer » n'est en rien punitif, mais aide le chiot à acquérir des habitudes alimentaires régulières, ce qui est en tout point avantageux pour sa santé. Cette méthode vous aidera également à voir si vous avez administré une ration excessive de nourriture. Un repas commencé peut être conservé au réfrigérateur jusqu'au repas suivant (mais il faudra l'administrer à température ambiante, jamais froid). Les restes de la veille doivent impérativement être jetés.

L'alimentation « maison »

Un repas préparé soi-même doit contenir des protéines carnées (viande blanche ou rouge) et des hydrates de carbone d'origine végétale sous forme de légumes, de céréales, de pain sec, de pâtes ou de riz. Les protéines de la viande peuvent être remplacées une ou deux fois par semaine par du poisson, des œufs ou du fromage (éventuellement maigre).

Les aliments secs

• Les aliments secs de type « premium » au contenu protidique élevé (dépassant les 25 %) ne sont indiqués que pour les femelles qui allaitent.

• Les aliments de type « regular » ou « standard » (contenant entre 22 et 25 % de protéines) sont indiqués pour les chiens ayant une bonne activité physique.

• Les aliments de type « light » au faible contenu protidique (moins de 22 %) sont indiqués pour les chiens âgés, ainsi que les sujets adultes sédentaires. Ils ne doivent jamais être administrés aux jeunes chiens en phase de croissance (même sédentaires) car ils pourraient provoquer des carences dans le développement osseux et musculaire du chien.

• Croquettes et gros biscuits durs aident les chiens à se faire les dents et remplacent très bien... les chaussures ou encore les meubles, des objets que les chiots, en pleine transformation de denture, mordillent souvent, car ils n'ont pour ainsi dire « rien d'autre à se mettre sous la dent » ! C'est aussi un excellent moyen pour nettoyer le tartre des dents. Ces aliments peuvent être administrés en dehors des repas, en quantité raisonnable.

• Les biscuits plus petits peuvent servir de récompense lors des exercices de dressage. N'oubliez pas cependant qu'il s'agit de nourriture. Par conséquent, s'il vous arrive d'en offrir un grand nombre au chien lors d'une séance de travail, veillez ensuite à diminuer un peu la ration du repas qui suivra.

• On trouve pour les chiots des aliments de type « nourrisson », à teneur élevée en protéines, sous la forme de petites croquettes faciles à manger.

(Photo Visintini)

■ ALIMENTS TOUT PRÊTS OU ALIMENTATION « MAISON » ?

On trouve aujourd'hui dans le commerce des aliments secs de très bonne qualité, pouvant constituer une excellente nourriture pour le chien. Des rations aussi complètes et équilibrées, tout compte fait, ça n'est pas si simple à réaliser soi-même. Cela dit, parmi ces aliments tout prêts, encore faut-il choisir les bons car le marché propose aussi des produits n'offrant pas les qualités nutritionnelles requises.

Un chien issu d'un bon élevage aura certainement été nourri avec des aliments tout prêts de bonne qualité et il est donc fortement conseillé de poursuivre avec ce type d'alimentation (de préférence en gardant la même marque), au moins durant le premier mois afin d'éviter des troubles intestinaux. Passée cette période, vous pouvez continuer sur ce mode d'alimentation qui représente très certainement la solution la plus simple et aussi la plus sûre pour la santé de votre animal. Néanmoins, si vous faites partie de ces personnes qui ont besoin de préparer de leurs mains le repas de leur ami canin, vous pourrez alors passer à une « alimentation maison » en procédant bien sûr par étapes.

Cas contraire : votre chiot est né à la maison et a été habitué à votre cuisine ; il est peut-être devenu difficile pour la nourriture ! Là encore, si on veut l'habituer à un autre type d'alimentation, comme les aliments secs, il faudra le faire graduellement. Vous commencerez par introduire quelques croquettes dans son écuelle à côté de son repas habituel, puis, au fur et à mesure qu'il reconnaîtra cet aliment et se mettra à l'apprécier, vous pourrez alors augmenter la dose. En même temps, vous diminuerez la quantité de nourriture « maison », jusqu'à la supprimer totalement.

Si le chiot vous fait un caprice et refuse sa nourriture, ne vous précipitez pas en lui proposant tout ce qui vous passe par la tête : il n'en mourra pas ! Vous retirerez tranquillement son écuelle pour la lui proposer de nouveau (la même) au repas suivant. Aucun chien ne s'est jamais laissé mourir de faim, qui plus est avec de la nourriture à portée de main. Si vous tenez bon, la bataille est gagnée car le chiot se convaincra très vite qu'il vaut mieux manger ce qu'on lui met sous le nez. En revanche, si vous cédez, vous posez les jalons d'une guerre sans fin : au bout de quelques mois, c'est votre chien qui demandera à voir le menu avant de faire mine d'y tremper le museau et de choisir les morceaux ; lesdits morceaux, du reste, ne seront certainement pas les aliments qui lui seront le plus nécessaires mais plutôt ceux qu'il reniflera avec plaisir selon l'humeur du jour !

Pour finir, il n'est jamais souhaitable de naviguer entre deux eaux et d'alterner sans cesse aliments secs et nourriture « maison ». Faites un choix définitif et tenez-vous-y car les deux types d'alimentations ne sont pas compatibles l'un avec l'autre.

(Photo Visintini)

Faut-il donner du lait aux chiens ?

Le lait est une substance complète, riche en calcium, qui pourrait tout à fait convenir aux chiens durant leur croissance ; et pourtant, tous les sujets ne la supportent pas. En effet, différents organismes ne produiront pas de manière égale l'enzyme spécifique qui permet la digestion du lait dans le corps, un enzyme qui décroît systématiquement avec l'âge. Ainsi, pour le chien adulte, le lait sera déconseillé, tandis que les chiots et nouveau-nés pourront en boire, à condition bien sûr qu'ils le digèrent bien. Au premier symptôme de dérangement intestinal (diarrhée), il faudra tout de suite remplacer le lait par des produits à base de lait fermenté (yaourt, fromage maigre), plus coûteux mais mieux tolérés par l'organisme du chien.

LES « BOÎTES »

Les aliments semi-humides (les boîtes, comme on les appelle) sont souvent bien plus appétissants que les aliments secs, mais attention : ils sont constitués en majorité d'eau. Pour obtenir un repas équivalent à celui que constitueraient 100 g d'aliments secs, il faut donc plus d'une livre d'aliments semi-humides.

En supposant que les doses exactes à administrer au chien soient scrupuleusement respectées, les aliments semi-humides maintiendront un chien en parfaite santé, tout comme les aliments secs ; il faudra toutefois, ici encore, veiller à la qualité de la nourriture choisie, car en matière de conserves il y a boîtes et boîtes et, bien souvent, aux prix réduits correspondent des aliments de qualité inférieure. Si d'ordinaire vous donnez à votre chien des aliments secs ou encore une alimentation « maison », vous pouvez fort bien utiliser des boîtes de conserve pour nourrir le chien en voyage, en exposition et en toute occasion où le mode habituel d'alimentation devient incommode, voire impossible.

Les aliments interdits

Rigoureusement déconseillés pour votre chien sont les restes de vos repas (une nourriture souvent trop grasse), surtout s'il s'agit de plats épicés ou acides. Les gâteaux sont à proscrire absolument car, s'ils sont plutôt néfastes pour la santé de l'homme, ils deviennent carrément dangereux pour celle du chien.

(Photo Visintini)

Le contrôle du poids

Le poids du chien, qu'il soit chiot ou adulte, doit être régulièrement contrôlé. Mais un Corso ne peut pas se tenir immobile sur une balance ! Il faut donc recourir au stratagème suivant : pesez-vous seul, puis répétez l'opération en portant votre chien dans vos bras. La différence entre les deux pesées constituera le poids réel du chien.

MAÎTRE VÉGÉTARIEN… CHIEN VÉGÉTARIEN ?

Théoriquement, la réponse est oui du moment que l'on n'exclut pas tout aliment d'origine animale. Une diète contenant des produits laitiers et des œufs peut combler les besoins protidiques du chien adulte à l'activité physique modérée ; en revanche, une alimentation privée de tous produits dérivés de la production animale implique une baisse trop forte des apports protidiques journaliers nécessaires au chien, irremplaçables par ailleurs, ainsi que l'absence d'autres nutriments importants, par exemple la vitamine B_{12}.

Le discours est plus complexe pour le chiot en pleine croissance, pour le malade et le convalescent, pour la femelle gravide ou allaitante : dans ces cas précis, le besoin en protéines augmente considérablement et devient beaucoup plus difficile à satisfaire, en particulier pour les races de stature importante.

Le vrai problème n'est pas tant de trouver des plats végétariens aux apports protidiques suffisants que de trouver des plats végétariens qui plaisent à votre chien. Si vous y parvenez, il n'y a plus, dès lors, de réelles contre-indications à cette diète végétarienne ; si, en revanche, votre chien refuse catégoriquement ses repas, pensez alors que les considérations valables pour vous ne le sont certainement pas pour lui, en tout cas quand il s'agit d'éthique, d'écologie ou encore de religion… Si, pour vous, le choix végétarien est affaire de respect de la nature et d'harmonie avec le monde naturel, sachez respecter votre ami quadrupède et sa propre nature qui, elle, est celle d'un omnivore à forte tendance carnivore.

Les parasites externes

Les parasites externes peuvent être source de gros problèmes de santé chez votre chien. Une présence élevée de puces et de tiques peut provoquer une anémie car ces parasites se nourrissent du sang de leur « hôte ». Mais ce n'est pas tout : les puces véhiculent le ténia, en jouant le rôle d'hôtes intermédiaires de ce parasite intestinal ; les tiques, quant à elles, peuvent inoculer la piroplasmose, une maladie pouvant devenir très grave (et même mortelle) si elle n'est pas diagnostiquée et soignée à temps.

Contrôler le pelage du Corso est chose facile, car il est constitué de poils ras. Faites-en donc fréquemment l'inspection, mais sachez aussi prévenir toute source éventuelle de problèmes sanitaires en lui donnant des bains spécifiques ou en administrant d'autres types d'antiparasitaires au printemps et en été.

Attention : vous devrez alterner fréquemment entre les différents types d'antiparasitaires car les puces et les tiques ont la faculté de s'immuniser très facilement contre de tels produits.

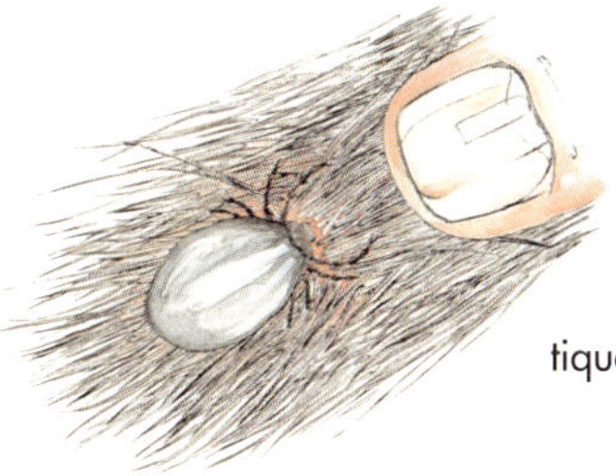

tique

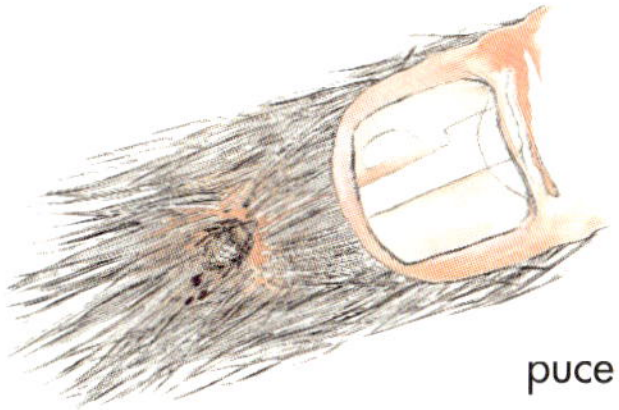

puce

La filariose

Autre maladie très grave, la filariose est véhiculée par les moustiques. La filaire est un parasite qui attaque le cœur du chien et cause sa mort. On peut prévenir cette maladie en administrant au chien des médicaments à certaines périodes de l'année. Consultez votre vétérinaire, en particulier si vous vivez dans une région chaude et à moustiques.

Les parasites intestinaux

Les parasites intestinaux peuvent, eux aussi, occasionner de sérieux problèmes, surtout pour le jeune chien. Les plus répandus sont des vers ronds appelés ascaris et le ténia, mais le chien peut aussi abriter des parasites plus agressifs et dangereux comme les ankylostomes et les trichocéphales. L'examen « à froid » des selles ne permet pas toujours de déceler la présence des œufs. En cas de doute, il vaut mieux demander au vétérinaire d'effectuer un examen « par enrichissement », qui prévoit la centrifugation et ainsi le dépôt des œufs, lesquels seront alors facilement décelables au microscope.

Le rite des vaccinations et des soins vermifuges ne prend pas fin avec la croissance du chiot : les vaccins contre la maladie de Carré, l'hépatite, la leptospirose et la parvovirose ne garantissent pas une immunité permanente mais protègent durant exactement onze mois (et non pas une année). En réalité, le chien adulte est doté de défenses immunitaires supérieures au chiot en ce qui concerne les pathologies virales, mais ces maladies, rappelons-le, sont extrêmement agressives et parfois mortelles. Il serait donc très dangereux d'oublier les rappels de vaccins.

Les parasites intestinaux, quant à eux, ne s'embarrassent pas de considérations sur l'âge du chien ; le chiot, certes, est plus fréquemment atteint par ce genre d'infestations, mais c'est avant tout parce qu'il mange tout ce qu'il trouve. Le chien adulte lui non plus n'est pas totalement à l'abri des parasites. Attention : évitez d'administrer des vermifuges génériques (qu'on appelle les « polyvalents ») si vous n'êtes pas sûr que le chien est infesté. Il vaut mieux examiner régulièrement les selles et, ensuite, se faire prescrire un vermifuge adapté au type de parasite décelé. Les polyvalents ne sont pas efficaces contre tous les parasites, en particulier quand ils sont présents en grand nombre. Voici quelques points de repère pour vous aider à intervenir au bon moment.

CHIOT ÂGÉ DE QUATRE MOIS À UN AN

Vaccinations

Les rappels ont lieu onze mois après le dernier vaccin du chiot ; les dates sont consignées sur le livret de santé.

Aux alentours de huit mois, on peut effectuer le premier vaccin antirabique, obligatoire pour tous les chiens d'exposition, mais également conseillé pour les autres.

Soins vermifuges

Contrôle des selles environ tous les deux mois.

Autres interventions

Examen du sang pour détecter toute éventualité de filariose : si le résultat est négatif, on peut initier la prévention en suivant les indications du vétérinaire.

Bain antiparasitaire (ou traitement au spray antiparasitaire) à donner une fois par mois, d'avril à septembre.

ADULTE

Vaccinations

Un rappel tous les onze mois, y compris le rappel contre la rage.

Soins vermifuges

Contrôle des selles tous les six mois, tous les trois mois pour les chiens de chasse.

Autres interventions

Prévention contre la filariose à chaque printemps.

Traitement antiparasitaire une fois par mois, d'avril à septembre.

LA CONSULTATION VÉTÉRINAIRE

Le Corso étant un chien à la trempe dure, il est rare qu'il pleurniche chez le vétérinaire. De rares sujets mal éduqués peuvent toutefois s'agiter à peine entrés dans la salle d'attente et manifester un comportement agressif envers le vétérinaire.

La raison en est presque toujours le comportement du maître lui-même. Si ce dernier est exagérément anxieux et agité, il transmettra des « signaux négatifs » que le chien va interpréter à sa manière.

La meilleure chose à faire dans ce cas est d'attendre seul dans la salle d'attente pendant que le vétérinaire s'occupe du chien.

Ça n'est bien souvent pas plus compliqué que cela ! Les causes de l'agitation cessent... et du même coup les effets : le chien se calme et le vétérinaire peut alors travailler en paix.

SAVOIR ÉVITER UNE VISITE INUTILE

Même si votre Corso sait se montrer amical avec le vétérinaire, il n'est pas nécessaire de multiplier les visites.

Voici quelques exemples de visites qu'il est possible d'éviter.

- Contrôle des selles : il ne sert à rien d'amener votre chien. Il vous suffit de mettre un morceau d'excrément dans un réceptacle stérile.

- Administration de médicament par voie orale ou sous-cutanée : n'importe qui peut apprendre à faire ingurgiter à son chien un cachet ou des gouttes (voir pages 75, 76 et 77) et l'injection sous-cutanée est un geste extrêmement facile à faire (voir page 77). Faites-vous expliquer la méthode une fois pour toutes par votre vétérinaire avant de vous lancer seul.

- Visites de routines trop fréquentes. Un Corso en bonne santé et recevant chez lui tous les soins nécessaires est un chien très robuste : s'il ne montre aucun signe de maladie, il est donc inutile de le faire examiner tous les mois (avec tout le cortège : température, rythme cardiaque, examen des selles, etc.) car vous aurez pour seul résultat d'énerver l'animal et de le rendre réfractaire aux visites. La juste fréquence des bilans de contrôle est une fois tous les six mois.

DANS LA SALLE D'ATTENTE

Un chien bien éduqué doit s'asseoir ou s'étendre aux pieds de son maître en attendant son tour, sans aboyer, se battre ou « discuter » avec les autres patients. La salle d'attente n'est pas une salle de jeux. N'oubliez pas que certains patients peuvent porter des maladies infectieuses (évitez, donc, tout contact rapproché) et d'autres se trouver affligés de blessures ou chocs traumatiques (susceptibles, donc, de se faire mal en jouant avec votre chien). Ainsi, outre empêcher toute bagarre, il est conseillé d'éviter tout rapport par trop amical entre votre chien et les autres animaux présents dans la salle d'attente.

Il n'est pas nécessaire non plus (pour ne pas dire peu souhaitable) que votre chien aille flairer en toute innocence le panier voisin contenant un chat ou tout autre animal de petite taille : même animé des meilleures intentions du monde, votre chien pourrait causer de mortelles frayeurs !

Pour conclure, sachez apprendre le plus tôt possible à votre Corso à bien se tenir et à ne déranger en aucune manière les autres animaux.

LA DYSPLASIE DE LA HANCHE

La dysplasie de la hanche est une pathologie qui peut frapper tous les chiens, avec une incidence majeure sur les chiens de grande et de moyenne taille. Le poids du chien influe également de manière exponentielle sur le facteur de risque. Le Corso est donc un chien présentant un risque majeur de contracter cette maladie.

La dysplasie de la hanche se présente comme une malformation de l'articulation coxo-fémorale : la tête du fémur ne s'emboîte plus parfaitement dans sa cavité. Il en résulte un mouvement erroné du postérieur, qui s'observera de manière plus ou moins frappante. Dans les cas les plus légers, la dysplasie peut être quasiment asymptomatique, mais dans les cas les plus avancés le chien ne peut même plus marcher.

La dysplasie peut être atténuée, voire, pour certains sujets affligés de pathologies légères, réellement soignée. On intervient chirurgicalement et les actes vont de la résection du muscle pectiné (myotomie pectinée) à l'ablation de la tête du fémur. Le chirurgien pourra intervenir différemment suivant le type de dysplasie en cause et son degré de gravité, mais il ne pourra pas toujours garantir un résultat optimal.

La dysplasie est une maladie polygénique et aux facteurs multiples, ce qui signifie en d'autres termes que :
- le facteur héréditaire ne dépend pas d'un seul gène, mais de l'influence combinée de différents gènes ;
- en plus du facteur héréditaire, on recense d'autres causes, d'ordre environnemental, alimentaire, traumatique ou autres, pouvant favoriser l'émergence de cette pathologie.

Des spécialistes du monde entier se penchent actuellement sur le problème de la dysplasie de la hanche : en attendant les résultats de leurs travaux, la seule arme dont on dispose est de purement et simplement exclure de la reproduction tous les sujets porteurs.

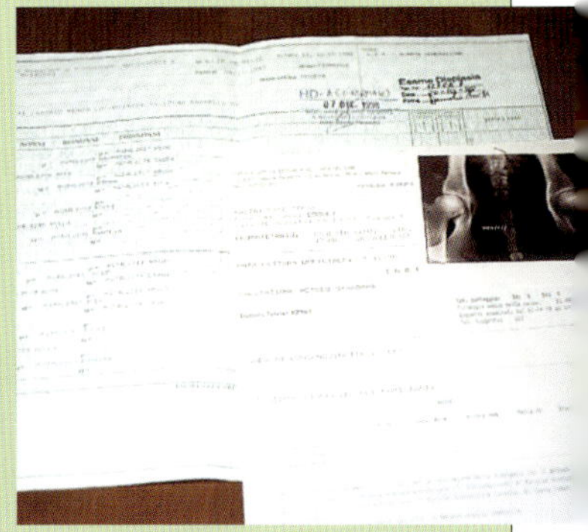

La radiographie « officielle » peut être faite une fois que le chien a dépassé l'âge de douze mois. Le vétérinaire qui s'en chargera doit faire partie des praticiens habilités à ce genre de tâche. Après l'examen, la radio et le pedigree du chien doivent être envoyés à un vétérinaire expert, que l'on appelle aussi « lecteur officiel ». Le degré d'exemption sera reporté sur le pedigree, à l'intérieur du livret, en haut à droite. Si le chien est épargné, sur le feuillet de couverture du pedigree, on apposera un A majuscule entouré d'un triangle. Quand on fait l'acquisition d'un chiot, il est fortement conseillé d'exiger de voir le pedigree des parents afin de vérifier qu'ils sont bien épargnés par cette maladie.

Somnolence et apathie sont des symptômes préoccupants, en particulier si votre Corso ne répond pas à une invitation pour sortir se promener.

Le refus de nourriture est un autre symptôme de mal-être ou de maladie : même s'il n'est pas un glouton, le Corso, s'il est en bonne santé, est un chien doté d'un solide appétit… à moins d'être particulièrement gâté ou suralimenté. Si le chien manifeste d'autres symptômes (vomissements ou diarrhée), appelez immédiatement le vétérinaire ; sinon, mettez-le une journée à la diète et observez bien son comportement.

QUAND LE CHIEN SE GRATTE OU SE LÈCHE

Un grattage par-ci par-là ne doit pas vous alarmer, mais se gratter ou se lécher très souvent sont, chez le chien, symptomatiques de vrai malaise. Les causes peuvent être diverses : irritation de la peau (due à des parasites, des érythèmes ou autres), une petite blessure passée inaperçue (qui pourrait s'infecter si le chien la lèche continuellement), voire un problème d'ordre psychologique (le chien se lèche pour évacuer un stress important).

Se gratter souvent les oreilles, secouer la tête ou la tenir inclinée d'un côté sont de nets symptômes de douleur aux oreilles. Il peut s'agir d'une otite ou de l'infiltration d'un corps étranger dans l'oreille.

SYMPTÔME : VOMISSEMENT

Causes possibles

Si le chien vomit son repas, c'est peut-être qu'il a trop mangé ou qu'il a mangé trop vite.

S'il vomit de la mousse, c'est qu'il a probablement ingurgité de l'herbe ou d'autres substances irritantes ou toxiques, ou encore qu'il a des vers ou une irritation gastrique.

S'il vomit du sang, il peut s'agir d'une maladie de l'estomac ou de l'intestin ou encore il a avalé des cailloux ou des os.

Interventions

Si le chien vomit du sang, appelez immédiatement le vétérinaire.

S'il vomit son repas ou de la mousse et qu'il est apathique, consultez le vétérinaire.

S'il vomit son repas ou de la mousse mais qu'il ne montre pas d'autres symptômes, qu'il semble par ailleurs en forme et qu'il a envie de jouer :

- s'il a vomi une ou deux fois, aucune intervention n'est nécessaire ;
- s'il a vomi trois ou quatre fois, mettez-le une journée à la diète et observez le résultat ;
- s'il continue à vomir jusqu'à cinq fois ou plus, consultez le vétérinaire.

SYMPTÔME : DIARRHÉE

Causes possibles

Eau ingurgitée en trop grande quantité, repas trop abondant, brusque changement d'alimentation, vers, maladie infectieuse.

Interventions

Chez le chiot : aucune intervention ne s'impose dans le cas d'un épisode isolé. S'il se répète, consultez le vétérinaire et contrôlez les selles.

Chez l'adulte : aucune intervention ne s'impose dans le cas d'un épisode isolé. S'il se répète une fois, mettez-le une journée à la diète ; s'il se répète encore, consultez le vétérinaire et contrôlez les selles.

Attention : la consultation vétérinaire s'impose dès lors que l'on observe la présence de sang ou de vers dans les selles.

SYMPTÔME : CONSTIPATION

Causes possibles

Manque d'eau ou absorption d'os ou de cailloux.

Interventions

Pendant deux jours, et en l'absence d'autres symptômes (vomissements, apathie ou douleurs abdominales à la palpation), contentez-vous de diminuer les rations de nourriture.

Si le problème persiste, mettez le chien à la diète et administrez-lui une cuillerée d'huile de vaseline deux ou trois fois par jour. Si l'intestin ne se débloque toujours pas, faites-lui un lavement et, si celui-ci reste sans effet, appelez le vétérinaire.

La trousse de pharmacie

Il faut toujours garder chez soi une trousse de secours vétérinaire garnie des éléments suivants :

(Photo Visintini)

QUE FAIRE EN CAS DE TRAUMATISME OU D'ACCIDENT ?

Si votre chien a perdu connaissance à la suite d'un choc avec une voiture ou d'un autre type de traumatisme, vous pouvez effectuer un rapide examen et en communiquer le résultat au vétérinaire que vous devez appeler de toute urgence.

- Soulevez la lèvre et regardez la couleur des muqueuses : sont-elles pâles ou bleuâtres ?
- Prenez son pouls (on le sent bien à la naissance du coude) : est-il accéléré ou plutôt lent ?
- Touchez les extrémités du chien : sont-elles froides ?
- Assurez-vous que le chien respire : si la respiration n'est pas évidente, approchez un petit miroir de sa truffe et observez si apparaît dessus un petit nuage de buée.

Si le chien est conscient après l'accident, le maître lui-même ne se risquera pas à l'approcher : la réaction instinctive à la douleur sera celle de mordre. Il est recommandé de lui couvrir la tête avant de le soulever. S'il ne montre aucune difficulté respiratoire et s'il n'a pas de plaie à la tête, on pourra également lui passer un lacet autour du museau.
Dans le cas d'un choc avec une voiture, on évitera autant que possible de remuer le chien afin de ne pas causer ou aggraver d'éventuelles lésions internes. La meilleure solution sera de le faire glisser sur une couverture (en le tirant par les pattes et non pas en le faisant rouler sur lui-même). La couverture sera utilisée comme brancard pour transporter le chien dans la voiture et l'emmener chez le vétérinaire.

LE COUP DE CHALEUR

Les symptômes sont les suivants : vacillements, difficulté respiratoire, peau chaude et sèche, augmentation de la température corporelle. Si la chose est possible, trempez immédiatement le chien dans un bain d'eau froide, afin d'abaisser graduellement la température. Une alternative à cette solution pourra être d'appliquer des compresses d'eau froide ou de glace. Le chien doit être immédiatement amené dans un lieu frais et laissé au repos en attendant l'arrivée du vétérinaire qui aura été appelé de toute urgence.

COMMENT ÉVITER LES EMPOISONNEMENTS ?

L'une des causes les plus fréquentes de mortalité chez le chien est l'empoisonnement. Il ne s'agit pas tant d'actes criminels que d'empoisonnements accidentels dus à des substances trouvées par le chien en furetant dans la maison ou dans le jardin. Voici quelques conseils afin de prévenir ce genre d'accidents domestiques.

- Tenez hors de portée du chien tout produit pharmaceutique, toute substance toxique, tout produit chimique à usage domestique.
- Ne transvasez jamais de substances toxiques dans un autre récipient : les erreurs sont plus fréquentes qu'on ne l'imagine.
- Lors d'un traitement horticole, ne laissez pas approcher le chien du jardin et rentrez sa gamelle.
- Ne laissez jamais un chien (cela est surtout valable pour les chiots) jouer avec des bouteilles ou boîtes vides de produits pharmaceutiques ou chimiques, même si vous les avez lavées.
- Notez attentivement les dates de dératisation dans votre immeuble. Le jour dit, vous garderez l'œil sur le chien pendant toute la durée de l'opération et ne le laisserez libre à aucun moment.
- Éliminez systématiquement tout animal mort que vous aurez trouvé dans votre jardin : s'il est mort d'empoisonnement, le chien pourrait s'intoxiquer à son tour au contact du corps.
- Habituez votre chien à manger uniquement ce qui se trouve dans son écuelle, tout particulièrement si vous l'emmenez souvent en promenade dans les bois ou à la campagne.

QUE FAIRE EN CAS D'EMPOISONNEMENT ?

Dans l'attente du vétérinaire, que vous aurez appelé immédiatement, vous procéderez de la manière suivante, en fonction des divers cas de figure.

INGESTION DE

– **Substances à l'action anticoagulante** (symptômes : saignements de nez, selles et vomissements avec présence de sang, muqueuses fortement anémiées, température plus basse que la normale ou oscillant autour de 37,5 °C) ;
– **strychnine** (symptômes : tremblements, convulsions) ;
– **barbituriques** (symptômes : somnolence, respiration superficielle et lente, pupilles dilatées).

Intervention

Faites vomir en administrant de l'eau et du sel. Si vous le retrouvez, conservez le contenant de la substance toxique absorbée. Si l'ingestion a eu lieu plus de deux heures auparavant, administrez au chien du charbon végétal, laissez passer trente minutes puis faites-lui ingurgiter de l'huile de vaseline.

– **Soude caustique ;**
– **solvants pour vernis ;**
– **kérosène ;**
– **pétrole.**

Intervention

N'essayez pas de faire vomir le chien mais donnez-lui un blanc d'œuf cru, du bicarbonate de soude et de l'huile d'olive. Si la bouche est brûlée, appliquez-y une compresse de bicarbonate de soude.

EMPOISONNEMENT PAR VOIE CUTANÉE PAR

– **Vernis ;**
– **peinture ;**
– **dérivés du pétrole ;**
– **huiles minérales.**

Intervention

Lavez le chien abondamment à l'eau froide puis couvrez son pelage de farine.

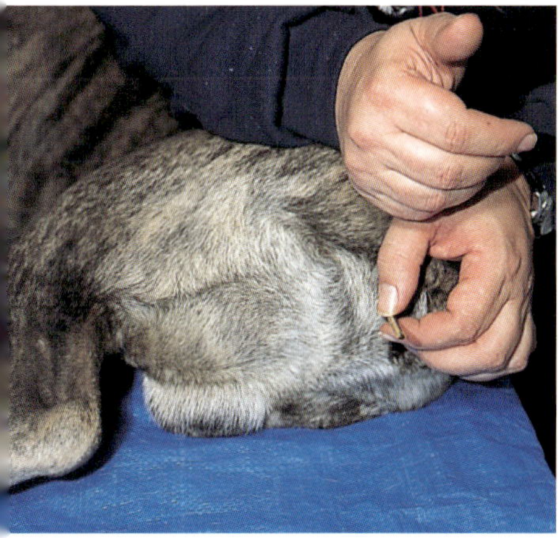

l'autre main tient la queue soulevée. Pendant toute la durée de l'intervention, empêchez le chien de s'asseoir. La température moyenne du chien est plus élevée que la température humaine : elle se situe autour de 38-38,5 °C. Au-delà de 39,5 °C, il est conseillé d'appeler le vétérinaire.

Comment administrer un comprimé

Pour faire avaler une pilule à un chien gourmand, il suffit de la mélanger à son repas. À la fin de celui-ci, vérifiez toutefois qu'il ne la pas laissée au fond de l'écuelle. Le mieux sera encore de cacher le comprimé au milieu d'un morceau de viande ou de fromage que vous lui donnerez en récompense d'un exercice quelconque. Ne craignez pas

Comment prendre la température du chien

Au moindre doute sur la santé de votre chien, la première chose à faire est de prendre sa température. Utilisez un thermomètre pour enfants que vous insérerez dans le rectum et garderez bien droit en le tenant d'une main (ne le lâchez pas, vous pourriez le voir disparaître !), tandis que

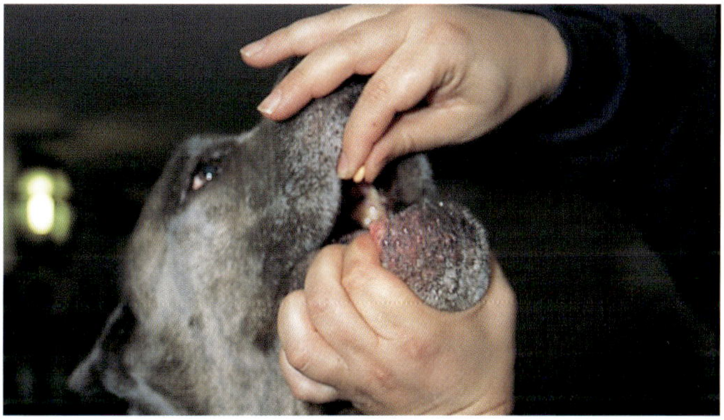

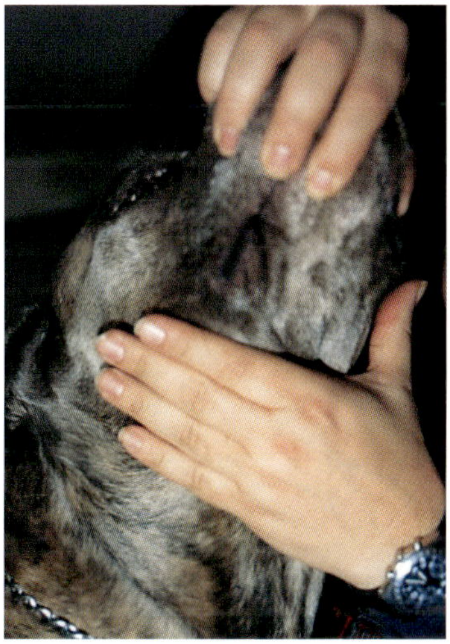

les fourberies du chien : il y a de fortes chances pour qu'il avale le médicament sans même s'en apercevoir.

Si le chien est particulièrement récalcitrant, le seul moyen restera de lui ouvrir la bouche de force pour lui enfoncer la pilule dans la gorge (le plus profondément possible), puis de lui refermer la gueule et lui taper sur le museau : il sera contraint d'avaler pour ne pas suffoquer. Dès lors qu'il tirera la langue hors de la bouche, vous saurez qu'il a dégluti.

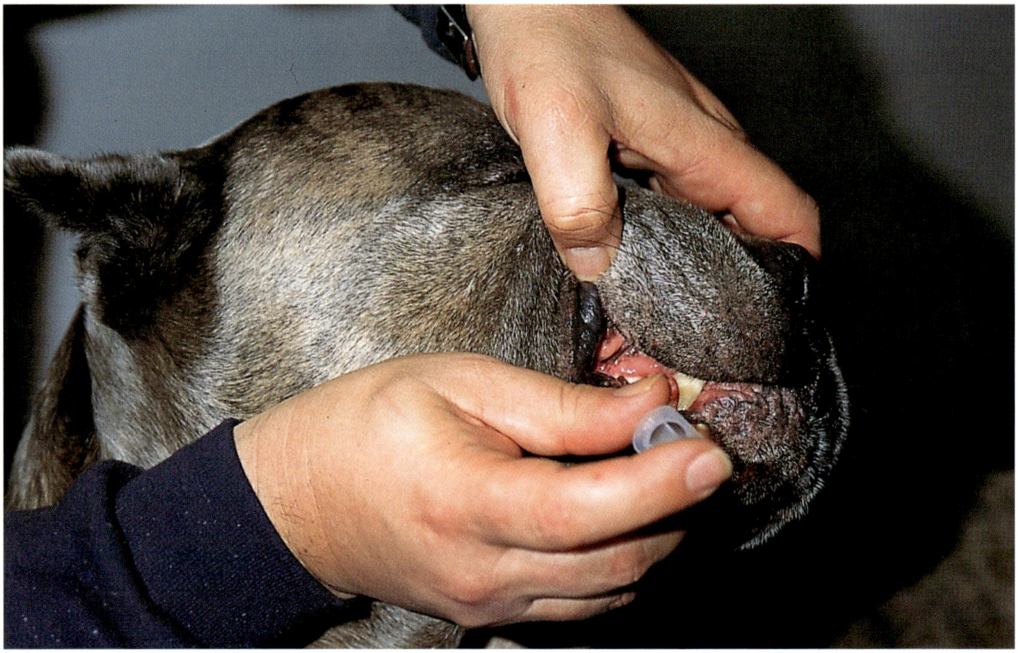

Comment administrer un médicament liquide

Les médicaments liquides peuvent se mélanger à de l'eau à boire, mais seulement s'ils sont rigoureusement sans saveur. Dans le cas contraire, aspirez la substance dans une seringue dont vous aurez ôté l'aiguille puis injectez le liquide dans la bouche au niveau de la commissure des lèvres. Ne versez jamais directement dans la gorge car le liquide pourrait aller dans la trachée et faire suffoquer le chien.

Comment soigner les oreilles

Pour traiter une oreille, il faut la retourner à l'extérieur et y instiller les gouttes en profondeur. Immédiatement après, rabattez l'oreille et tenez-la fermée pendant quelques secondes, en massant bien la base du pavillon. Si l'oreille n'est pas bouchée instantanément, le chien secouera la tête avec une telle fureur que le médicament sera bien vite expulsé !

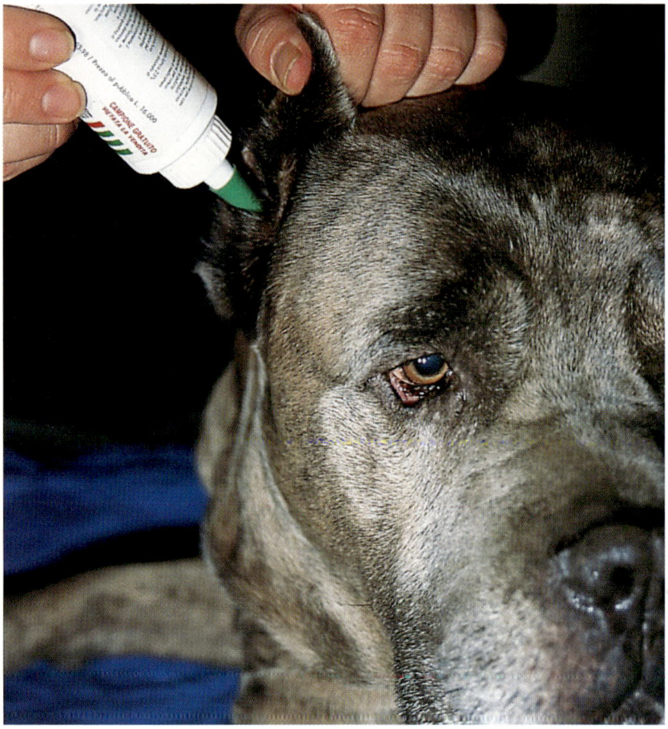

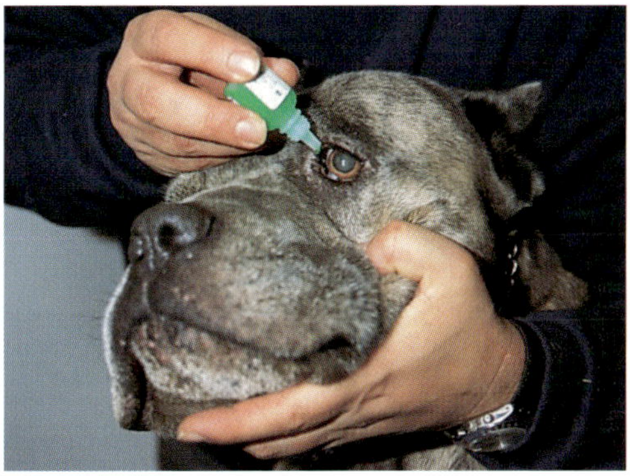

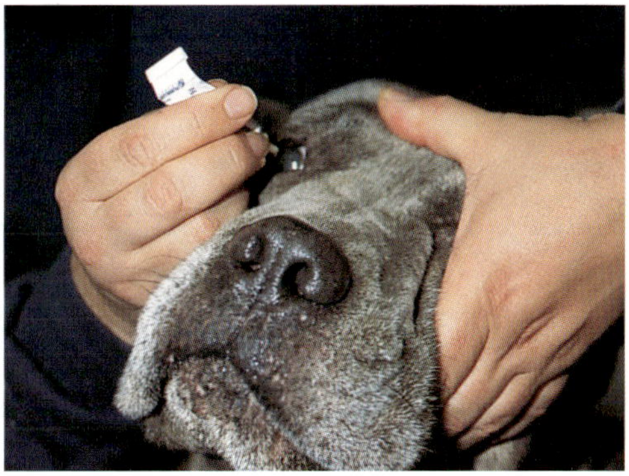

Comment soigner les yeux

Les traitements pour les yeux sont souvent à base de collyre ou de pommade. Pour administrer un collyre, on soulève légèrement la paupière supérieure afin de déposer le liquide sur la cornée.

Pour administrer une pommade, abaissez la paupière inférieure et déposez le produit sur la conjonctive.

Comment faire une injection sous-cutanée

Pour effectuer une injection sous-cutanée sur un chien, il suffit de soulever un pli de chair du cou ou du dos, puis de positionner la seringue pratiquement à la perpendiculaire de la peau. Insérez l'aiguille d'un petit coup sec (la peau du chien est beaucoup plus dure que la peau humaine). Retirez légèrement l'aiguille puis inoculez le produit. Le piston doit être poussé lentement (certains produits injectés trop rapidement peuvent provoquer des brûlures) mais pas trop cependant car le chien pourrait en ressentir de la douleur.

Attention : si le piston ne glisse pas facilement, c'est que l'aiguille n'est pas enfoncée correctement (elle peut se trouver au niveau intradermique plutôt que sous-cutané). Dans ce cas, il suffit de bouger légèrement l'aiguille d'avant en arrière jusqu'à ce que le piston soit mobile, puis d'injecter le produit.

Comment faire une injection intramusculaire

Les injections intramusculaires peuvent se faire sur un chien debout ou étendu. Avant de faire ce geste vous-même pour la première fois, demandez à votre vétérinaire de vous montrer très précisément la partie anatomique la plus indiquée pour l'injection. Ensuite, vous pourrez très bien vous débrouiller tout seul. Ce geste s'effectue sans difficulté majeure : il convient juste de faire bien attention à expulser tout l'air de la seringue.

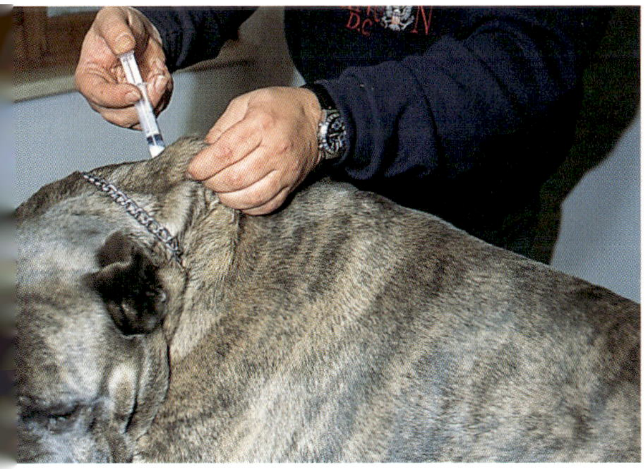

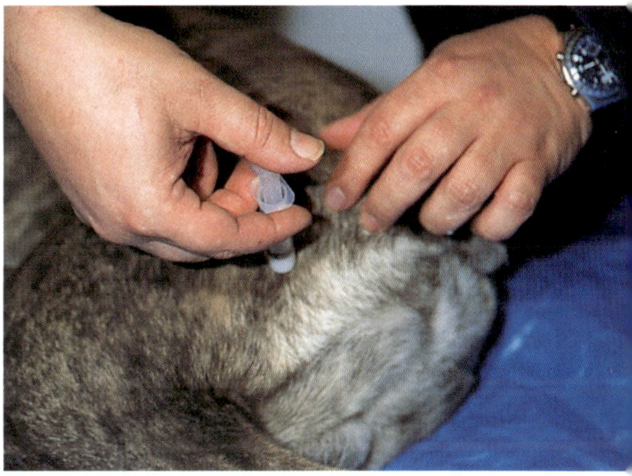

La toilette des oreilles

Les oreilles doivent être contrôlées plusieurs fois par semaine et nettoyées s'il le faut. Vous pouvez utiliser pour cela un morceau de coton ou un Coton-Tige, en veillant bien, si vous choisissez la deuxième solution, à ne pas l'enfoncer trop profondément afin d'éviter de toucher le tympan.

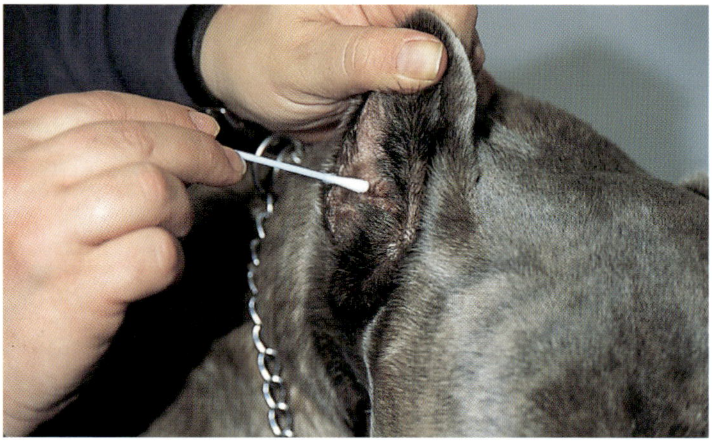

Le nettoyage des dents

Les dents sont nettoyées à l'aide d'une brosse à dents ordinaire. Pour prévenir la formation du tartre, on aura soin de donner régulièrement au chien des os artificiels faits de peau ou de tout matériau dur. Si du tartre s'est déjà formé sur les dents, l'intervention du vétérinaire s'impose.

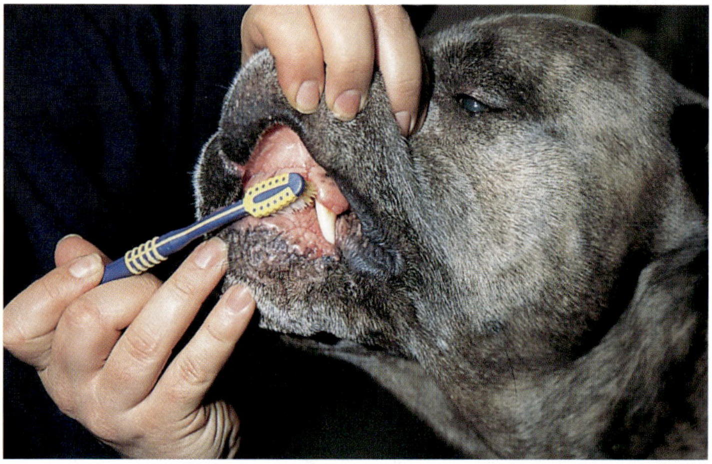

La toilette des yeux

Les yeux doivent être contrôlés chaque jour et nettoyés, si besoin est, à l'aide d'un coton humidifié ou d'un morceau de gaze.

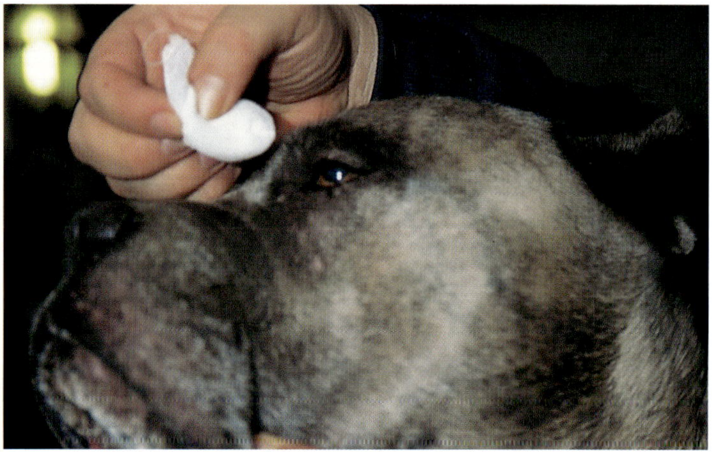

LES SOINS DE LA ROBE

Le Cane Corso n'a pas besoin de toilette particulière : un bon coup de brosse suffit chaque jour pour garder le pelage sain et brillant.

L'instrument idéal est la brosse-gant en gomme.

LE BAIN

Un Cane Corso ne prend pas de bains très souvent : une fois tous les trois ou quatre mois est une bonne moyenne. Évidemment, s'il se salit beaucoup, n'attendez pas que tombe le prochain bain trimestriel pour le laver ! Vous pouvez augmenter la fréquence du bain, en sachant toutefois que le shampooing détruit la base protectrice naturelle du pelage, qui demande ensuite cinq à six jours pour de se reformer. Après un bain, le chien est donc plus exposé aux risques du froid, de la pluie et de l'humidité.

Le chien d'exposition ne doit jamais être lavé la veille d'une présentation car tout lavage ramollit le pelage. Si le chien est sale, il faudra le laver au moins trois jours avant, afin que le poil retrouve toute sa vigueur et sa texture naturelle.

Pour le laver, vous pouvez utiliser un shampooing neutre ou un shampooing spécial pour chiens à poil ras.

La gestation et la parturition

Tôt ou tard, tout propriétaire d'une belle femelle souhaitera voir celle-ci mère d'une portée. Là encore, il s'agit de faire un choix juste.

Il ne sert à rien de faire reproduire votre chienne si votre décision n'est fondée que sur la seule croyance qu'une femelle doit mettre bas une fois dans sa vie. Cette croyance populaire est totalement infondée.

Une chienne n'ayant jamais eu de petits peut mener une vie parfaitement heureuse, saine et tranquille, en tout point identique à celle de la femelle qui a mis bas. Une étude statistique a révélé que l'incidence des tumeurs de l'utérus est légèrement moins élevée chez les femelles ayant eu plusieurs portées, comme il s'en trouve encore en élevage. Mais entre la femelle ayant mis bas une fois et la femelle n'ayant jamais mis bas, il n'y a strictement aucune différence si l'on considère ce seul point.

Faire reproduire ou ne pas faire reproduire… là est la question !

Avant de décider de l'accouplement de votre chien, pesez bien le pour et le contre, et surtout, posez-vous les questions suivantes :

• Si vous avez une femelle :
- votre chienne est-elle saine et bien portante ?
- est-elle épargnée par les tares héréditaires ?
- a-t-elle un caractère équilibré ?
- n'est-elle pas trop jeune pour supporter la gestation (l'âge minimal étant de 18 mois) ?
- n'est-elle pas trop vieille pour supporter la gestation (moins de quatre ans) ?
- vous sentez-vous prêt à accueillir chez vous, pendant au moins deux mois, une portée de chiots qui feront les pires choses et joueront avec n'importe quoi ?
- avez-vous déjà un endroit précis où pouvoir installer les chiots ?

• Si vous avez un mâle :
- le chien est-il sain et bien portant ?

- est-il épargné par les tares héréditaires ?
- a-t-il atteint l'âge minimal requis pour être reproducteur (au moins douze mois) ?
- a-t-il un caractère équilibré ?

Si la réponse à une seule de ces questions est « non », il vaut mieux alors éviter l'accouplement. Un éleveur aurait ajouté à cette série de questions la suivante : « Le chien est-il beau, typique et susceptible d'assurer un bon prolongement de sa race ? »

En théorie, tout particulier devrait, lui aussi, se poser cette question ; mais, au fond, ce n'est pas si important que cela. On ne saurait considérer comme un grave délit le fait de faire reproduire un chien qui n'est pas le représentant fidèle du standard. Un chien, quel qu'il soit, restera toujours le plus beau spécimen aux yeux de son maître ! En outre, le monde n'est pas peuplé que d'êtres beaux (et c'est tant mieux !) et il est juste que chacun y ait sa place. Ce qui importe, en revanche, est que les chiots soient vendus à leur juste valeur et qu'on n'essaie pas de les faire passer à tout prix pour de futurs champions.

Le monde, cependant, se doit d'être peuplé de chiens équilibrés et au bon caractère. S'il est vrai que, dans bien des cas, le caractère du Corso pcut êtrc ruiné par dcs crrcurs humaines, il reste difficile d'établir dans quelle mesure ses parents ont joué un rôle dans un comportement nerveux à l'excès ou dans une tendance à aboyer de manière particulièrement odieuse.

Personne ne peut vous empêcher d'aimer votre chien s'il est caractériel ; mais personne ne vous oblige non plus à le faire reproduire. Si vous aimez cette race, faites-vous un devoir d'assurer la naissance de chiots les plus équilibrés et les plus sains possible. Par conséquent, un chien ne présentant pas ces deux qualités essentielles devra préférablement être écarté de toute possibilité de reproduction.

Vous ne souhaitez pas de portée mais...

... vous avez une femelle

Le meilleur moyen d'empêcher une femelle de se reproduire est de la garder sous surveillance ! Contraceptifs et autres pilules en sont encore au stade expérimental dans le domaine canin et les produits actuellement sur le marché sont de véritables bombes hormonales, pouvant causer d'importants dommages sur l'appareil reproducteur de la chienne.

Si la « faute » a déjà été commise, il est possible d'y remédier dans les quatre jours qui suivent en amenant la chienne chez le vétérinaire qui pratiquera une injection abortive. Cela aura pour effet de faire revenir immédiatement la période de chaleus, et il faudra donc redoubler de vigilance afin d'éviter un autre accouplement.

Attention : cette sorte de « pilule du lendemain » ne doit pas être utilisée comme un contraceptif habituel. Les doses hormonales sont très élevées et ne font aucun bien à la chienne. Ce procédé peut convenir de manière exceptionnelle seulement.

... vous avez un mâle

Vous devrez empêcher autant que possible ses « fugues d'amour » et veiller à ne jamais le laisser vagabonder en liberté (chose qui, dans le principe, ne doit, de toutes façons, jamais passer par la tête d'un propriétaire de Cane Corso) ni à le laisser fréquenter de gentilles femelles qu'il

vient à rencontrer en promenade.

Les chiens sont capables des ruses les plus tordues pour assouvir leurs rêves d'amour. Attention, donc, à ne pas vous laisser berner !

Savoir contrôler les ardeurs amoureuses du mâle fait partie des responsabilités qui incombent à tout maître de chien.

Attention : si vous possédez un mâle et n'êtes pas éleveur, ne souhaitez pas avoir de portée mais cherchez une compagne pour votre Corso uniquement pour sa « satisfaction » personnelle, réfléchissez bien. N'oubliez pas surtout que votre Corso n'est pas un homme mais un chien et qu'il raisonne donc comme tel : le chien peut parfaitement rester vierge sans éprouver de problèmes physiques ou psychologiques d'aucune sorte.

À l'inverse, les problèmes surgissent dès que le chien a goûté aux joies de l'amour : la chose lui plaît et il se languit de pouvoir recommencer. Pour le chien d'élevage, la frustration est moindre car, tôt ou tard, de bonnes occasions se présenteront à lui de nouveau ; pour le chien de particulier, en revanche, c'est moins évident.

Le chien peut être stressé au point de chercher à monter n'importe quelle femelle qu'il rencontre (qu'elle soit ou non en chaleur) et parfois même des mâles… ou la jambe de son maître ou, pire, celle d'une amie de passage. Ne faire s'accoupler le mâle qu'une seule fois est le plus sûr moyen de créer un « maniaque sexuel frustré », pouvant créer des situations pour le moins embarrassantes. Si, donc, vous n'avez pas le courage de chercher une « femme » pour votre Corso, contentez-vous d'un chien vierge, vous y gagnerez en tranquillité.

Les chaleurs

Le cycle sexuel de la femelle connaît plusieurs phases : la chienne n'acceptera le mâle que durant l'œstrus (l'ovulation) dont le début se manifeste par une perte de sang qui ne passe pas inaperçue. Durant la phase initiale néanmoins, la chienne n'accepte pas l'accouplement. Autour du neuvième ou dixième jour, les pertes se font plus claires et commencent à diminuer : attention, cela ne marque en rien la fin de la période de chaleurs, au contraire ! C'est précisément à partir de ce moment-là que la femelle commencera à accepter le mâle.

Les jours fertiles chez la chienne sont compris entre le dixième et le quatorzième jour à partir du début des pertes hématiques. Chez les molosses, toutefois, cette période peut être plus longue, certaines chiennes pouvant être fertiles jusqu'au vingtième jour.

Si la chienne vit en intérieur, vous pourrez lui mettre des protections hygiéniques spéciales (sortes de slips) auxquelles vous aurez eu soin auparavant de l'habituer (afin qu'elle ne les enlève pas). On en trouve dans tous les magasins animaliers. Attention : la protection n'a pour seul but que de protéger le sol. Elle est sans effet contre l'ardeur amoureuse d'un mâle, qui est capable de l'enlever très rapidement.

L'accouplement

Si un accouplement est prévu, et en particulier s'il faut se déplacer pour faire couvrir la femelle par un mâle intéressant, vous devrez auparavant avoir fait effectuer un frottis vaginal à la chienne avec éventuellement examen hormonal, pour savoir quels sont les jours fertiles (tout en sachant que ces méthodes ne garantissent pas un résultat fiable à 100 %).

Quand le moment propice sera arrivé, la chienne devra accepter le mâle sans problème. Si elle est très dominante, elle peut fort bien se rebeller. Dans ce cas, il faudra « assister » la monte en tenant la femelle afin d'éviter qu'elle ne morde le mâle… ou le « démonte », ce qui pourrait faire passer à ce dernier toute ardeur amoureuse. Un mâle très jeune peut se retrouver un peu perplexe à sa première saillie et ne pas savoir comment s'y prendre. Si la femelle est particulièrement nerveuse (surtout si c'est son premier accouplement), il ne faut pas hésiter à l'aider, sinon, on se contentera de laisser faire la nature, ce qui est toujours préférable.

Il est encore conseillé, dans la mesure du possible, d'unir un jeune sujet à un autre déjà bien expérimenté dans ce domaine. Les choses en sont généralement facilitées.

La gestation

La gestation dure 62 ou 63 jours. Durant le premier mois, il n'y aura rien de particulier à faire car la chienne doit garder son rythme de vie habituel. Elle peut courir, jouer, travailler ou s'entraîner exactement comme avant et l'alimentation restera également identique.

Au trente-cinquième jour, un bon vétérinaire doit pouvoir vous dire si oui ou non il y a eu fécondation en palpant l'abdomen de la chienne.

Attention : le diagnostic est plus facile au trente-cinquième jour que les jours suivants car, ensuite, les fœtus auront commencé à se former et ne seront plus comme des « balles » bien reconnaissables au toucher. Pour un diagnostic plus précoce, on peut faire exécuter une échographie au bout de trois semaines, ce qui aura aussi l'avantage de donner une meilleure approximation du nombre de chiots auquel on peut s'attendre.

Au second mois de la gestation, la femelle commence à grossir et son caractère peut subir quelques variations : elle devient engourdie, plus alanguie et se fatigue facilement. Il faut alors diminuer progressivement l'exercice physique, tout en augmentant les rations alimentaires de 15 % (autour du quarantième jour) jusqu'à 30 % quand la mise bas est imminente.

Il est bon d'ajouter aux rations des aliments riches en calcium (lait, fromage) ou du calcium en poudre, en sachant toutefois rester modéré dans les quantités. Les signes imminents de la parturition peuvent être assez variés : toutes les chiennes commencent par « préparer la tanière », mais certaines accomplissent ce rituel juste avant la mise bas, tandis que d'autres s'y seront mises une semaine avant.

Le seul signe incontestable de la délivrance dans les vingt-quatre heures qui suivent est l'abaissement de la température, qui descend bien au-dessous de la normale : de 38 °C-38,5 °C, on passe brusquement à 37 °C-37,5 °C.

Préparez-vous à l'heureux événement et alertez le vétérinaire qui se tiendra prêt au cas où les choses se compliqueraient.

La salle d'accouchement

Vous devrez installer une « salle d'accouchement » fonctionnelle, qui se présente sous la forme d'une « caisse de mise bas » d'un mètre sur un mètre.

On en trouve de très fonctionnelles dans le commerce, mais vous pouvez fort bien construire vous-même cet objet en utilisant des panneaux de bois.

La hauteur devra être d'environ 40 cm sur trois côtés ; pour le quatrième, on devra prévoir des rainures où glisser des panneaux de bois de plus en plus hauts au fur et à mesure que les chiots grandiront. La mère doit pouvoir toujours entrer et sortir facilement de cette caisse, tandis que les chiots devront à tout prix rester à l'intérieur. L'intérieur est parfaitement lisse :

vous aurez vérifié auparavant qu'il ne s'y trouve aucune partie saillante, qu'aucun clou ne dépasse et qu'il n'y a aucune fissure entre les parois. Les nouveau-nés sont complètement aveugles, mais cela ne les empêche pas de gambader partout dans la « salle d'accouchement » et de se mettre dans des situations inimaginables dès que le moindre danger se présente !

La caisse sera tapissée de bouts de tissu et de papier journal coupé en petits morceaux, cela afin d'éviter qu'un chiot ne reste prisonnier d'une grande feuille et ne s'étouffe dedans. La chienne, de son côté, aura rassemblé et lacéré tous les bouts qu'elle peut trouver afin de préparer un nid sûr et douillet. Néanmoins, vous jetterez un coup d'œil et contrôlerez que l'aménagement de la caisse se limite au strict nécessaire.

Vous aurez soin de faire provision de quantité de tissus auparavant : maman et ses petits devront rester dans la caisse pendant au moins quinze jours et il importe que cet endroit reste toujours très propre. Les chiffons datant du jour de la mise bas seront inutilisables car imprégnés de sang et de liquide amniotique. La délivrance terminée, il faudra leur substituer un unique drap qui devra être parfaitement tendu sur les côtés afin d'éviter que les petits ne se glissent dessous. Pour le fixer aux parois, utilisez un ruban adhésif puissant. Évitez les clous et les agrafes.

La mise bas

Quand arrive le moment de la mise bas, la femelle est généralement contente d'avoir son maître à ses côtés. Dans de rares cas, cependant, elle peut vous faire comprendre qu'elle a besoin d'être seule. Si tel est le cas, respectez son désir tout en restant dans les parages.

Si la femelle ne vous veut pas dans les pattes, mettez-vous à deux ou trois mètres de distance. Si, en revanche, elle a besoin de vous, vous pouvez alors vous asseoir à côté d'elle, la caressant et l'encourageant, surtout si c'est sa première portée.

Le premier symptôme annonçant la délivrance est l'émission du « bouchon » de

LA CAISSE DE MISE BAS

Installée dans une pièce chauffée, la caisse de mise bas doit être suffisamment grande pour que la femelle s'y tienne allongée, mais pas trop afin qu'elle puisse appuyer ses pattes contre les parois pendant la mise bas.

Durant la délivrance, ainsi que pendant les dix jours qui suivent, il faut veiller à ce que la mère n'écrase pas ou n'étouffe pas ses petits par inadvertance. C'est pourquoi il est important de doter la caisse de rebords saillant vers l'intérieur, ce qui garantit un minimum de sécurité contre le risque d'écrasement contre les parois. Il faudra également contrôler souvent la position des chiots et ne pas hésiter à les déplacer s'ils vous semblent en danger.

Coupe d'une caisse de mise bas

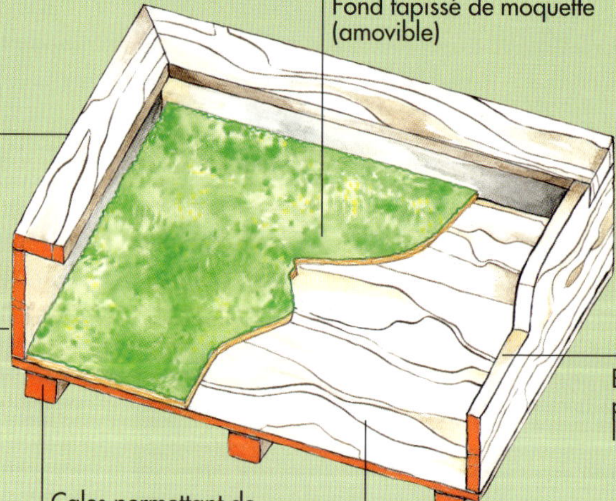

muqueuse, suivi généralement, par la rupture de la poche des eaux, libérant une quantité importante de liquide, même dans le cas d'une chienne de petite taille.

Si tout se passe bien, on comptera entre une demi-heure et une heure entre la rupture de la poche des eaux et l'apparition du premier chiot. L'intervalle entre les apparitions de chiot est variable en fonction des caractères propres de chacun. Au-delà de quatre heures d'intervalle, vous devrez appeler le vétérinaire.

Contrôlez la position des chiots quand ils se présentent : s'ils apparaissent la tête la première et les deux membres antérieurs dressés en avant, tout va bien. S'ils se présentent « par les pieds » (les pattes en premier), aucun réel problème n'est à craindre non plus. En revanche, on peut s'attendre à des complications si l'on voit apparaître la tête seule, sans les membres (le chiot les aura repliés sous lui ou étendus latéralement) ou si l'on voit apparaître une seule patte : dans ce cas, si l'on voit que les poussées de la chienne sont insuffisantes pour expulser le chiot, on peut lui offrir de l'aide.

Vous enfilerez alors une paire de gants stériles (de type chirurgical) et tenterez d'accompagner les poussées de la chienne avec une grande douceur : ne tirez jamais brutalement car vous pourriez tuer le chiot, mais contentez-vous de le « retenir » tandis que la chienne pousse. Au maximum, vous pourrez essayer de le faire passer en le tournant doucement à gauche puis à droite, lentement et délicatement. Si vos efforts sont sans succès, n'insistez pas et appelez le vétérinaire.

Le chiot naît entouré de la poche amniotique que la chienne, immédiatement, déchire de ses dents et avale ; elle avale également le placenta. Tout cela est parfaitement naturel et les chiots n'en ressentent aucune douleur.

Après avoir crevé la poche, la chienne commence à stimuler le chiot en le léchant avec force afin de le faire respirer. Le nouveau-né réagit la plupart du temps par un petit cri, signe de bonne santé et de vigueur néonatale. Certains chiots cependant ne crient pas. Là encore, il n'y a pas lieu de s'inquiéter mais il faut observer attentivement le comportement du petit pour voir s'il dodeline de la tête de gauche à droite. S'il fait ce geste, c'est qu'il est déjà à la recherche de la mamelle ; il s'agira donc d'un sujet silencieux mais parfaitement éveillé !

Au fur et à mesure que les chiots sont stimulés et nettoyés, ils se mettent à la recherche des mamelles. Si la parturition n'est pas terminée et si la chienne s'agite beaucoup, certains chiots risqueront d'être écrasés. Il vaudra mieux alors, dans le cas particulier où vous verrez la femelle très nerveuse, regrouper les chiots déjà nés dans une petite caisse (regroupés entre eux, ils auront plus chaud et finiront ainsi de se sécher) dans l'attente que la mère se calme : même s'ils doivent rester plusieurs heures sans manger, ils ne courent pour autant aucun danger. Cette caisse devra être

placée le plus près possible de la mère afin qu'elle puisse garder un œil sur ses petits. Dans le cas contraire, elle les chercherait désespérément et ne s'en énerverait que plus.

Lorsque la mise bas est terminée, la chienne est visiblement soulagée ; replacez les chiots auprès d'elle et vérifiez qu'ils trouvent bien les mamelles, puis laissez la nouvelle famille se reposer en paix.

Une heure après environ, vous pourrez aller jeter un œil sur la portée, donner à boire à la mère et vous assurer que tout le monde se porte bien. Ne donnez aucune nourriture à la mère, elle n'en a nullement besoin : les placentas ingérés sont assez riches en protéines.

Quand les petits seront rassasiés et qu'ils commenceront à s'endormir, mettez la laisse à votre chienne et emmenez-la faire ses besoins dehors. Elle ne voudra certainement pas venir, mais vous devrez insister. Vous pourrez alors aussi lui offrir un peu de nourriture (ou mieux, un bon litre de lait). Si elle refuse, n'insistez pas.

Le jour suivant, vous contrôlerez sa température : si elle a monté, prévenez immédiatement le vétérinaire.

La chienne qui allaite a besoin d'une ration de nourriture très supérieure à la normale : augmentée de 70 à 150 % en fonction du nombre de chiots. Privilégiez les aliments riches en calcium (ou bien rajoutez du calcium à la nourriture), surtout si la portée est importante : c'est le plus sûr moyen de lutter efficacement contre les risques d'éclampsie ou de tétanie puerpérale. Cette maladie se déclenche quelques jours après la délivrance ; elle est due à une baisse subite du calcium dans l'organisme car tout part dans le lait destiné aux petits. Aucun indice ne l'annonce et, lorsque la chienne montre enfin les premiers signes d'une carence en calcium, il est déjà bien tard : le manque l'a gravement atteinte et la mort peut survenir dans les heures qui viennent. Le premier symptôme visible sera une certaine rigidité dans les mouvements. L'observation de ce signe devra donc vous alerter immédiatement : il faudra appeler le vétérinaire de toute urgence qui interviendra par une injection intraveineuse de calcium.

Les chiots grandissent et se développent à une vitesse impressionnante. Sourds et aveugles à la naissance, ils jouent déjà, entre eux ou avec leur mère, âgés d'à peine trois semaines. À partir de la quatrième semaine et impérativement avant la septième semaine, le maître de la chienne peut commencer à donner l'« imprinting » aux petits en se mettant au milieu d'eux et en se laissant flairer, toucher… bref, connaître. Si plusieurs personnes s'occupent de donner l'imprinting, tant mieux, surtout s'il y a des enfants parmi eux.

QU'EST-CE QUE L'IMPRINTING ?

En éthologie, ce terme désigne une étape fondamentale dans le développement psychique du chiot, très exactement comprise entre la quatrième et la septième semaine de vie : le chiot reconnaîtra comme ses pairs les espèces vivantes auxquelles il aura été étroitement lié (que ce soit des espèces à deux ou à quatre pattes…). L'imprinting de chien à chien est bien évidemment donné par la mère : ils comprennent qu'ils sont des chiens et apprennent à se comporter comme tels. Or le chien doit croire également que nous sommes des chiens, ou plus exactement ses semblables ; c'est la seule façon de lui faire accepter un rapport paritaire avec l'homme. Pour cela, l'homme doit, lui aussi, donner son « imprinting » aux chiots, en se laissant flairer, voir, toucher durant cette phase bien précise. Il est capital de respecter ces délais. En effet, si les chiots ne reçoivent pas l'imprinting de l'homme durant cette période cruciale, il ne sera pas possible d'y remédier par la suite ; ce qui signifie une impuissance irrémédiable des chiens à se socialiser avec quelque être humain que ce soit, réduisant à néant tout espoir d'obéissance envers le maître, toute relation de confiance et d'estime.

L'INSCRIPTION DES CHIOTS AU LIVRE DES ORIGINES

La SCC vous fournira tous les renseignements nécessaires sur les démarches à accomplir pour inscrire vos chiots au LOF. Sachez toutefois que cette inscription se fait en plusieurs étapes. Les deux géniteurs doivent être enregistrés au LOF et titulaires du pedigree. Un certificat de saillie aura été demandé au préalable à la SCC. À la réception du certificat de saillie, la SCC procède aux vérifications et vous renvoie une déclaration de naissance et une demande d'inscription.

UN NOUVEAU MAÎTRE POUR VOS CHIOTS

Le Corso a beau être un chien très recherché et votre portée être la plus belle du monde, il n'en reste pas moins difficile pour un particulier d'arriver à vendre ses chiots. Passez une série d'annonces dans des journaux spécialisés dès leur naissance, ce qui vous donnera le temps de donner toutes les informations nécessaires et de contacter les futurs acquéreurs.

Dès le premier contact, essayez d'opérer déjà une première sélection : les futurs acquéreurs devront être capables d'assurer au mieux l'avenir d'un Corso, et si l'un d'eux vous semble inapte pour ce rôle, vous pouvez toujours prétendre que le chiot qui l'intéresse est déjà retenu.

Après un mois de cohabitation avec une tribu de petits Corsos, il est bien naturel que le propriétaire se sente partagé entre le désir de les garder tous (car ils sont à proprement parler irrésistibles) et la hâte de s'en débarrasser (car une portée peut facilement exténuer et exaspérer même les plus fanatiques amis des bêtes !). Ce conflit intérieur ne saurait toutefois vous empêcher d'agir avec efficacité et sens du devoir.

Si les chiots ont pour cadre de vie votre seul appartement et si, par un état d'exaspération bien compréhensible, vous êtes au bord de la crise de nerfs, vous ne devrez pourtant céder en aucun cas avant le soixantième jour de vie. Même s'ils peuvent depuis longtemps se nourrir seuls, ils ont encore besoin de leur mère.

Si, en revanche, vous avez un jardin et échappez donc au syndrome « portée de chiots dans la maison », ne commettez pas pour autant l'erreur d'attendre trop longtemps. Non seulement les chiots souffriraient davantage de quitter leur cadre de vie et ceux qu'ils ont élus pour famille, mais encore vous sera-t-il plus difficile de trouver acquéreur pour des chiots ayant dépassé les quatre ou cinq mois. En général, les personnes qui décident d'avoir un chien choisissent de le prendre tout jeune. Il serait alors risqué de laisser passer trop de temps : bien vite, vous vous trouveriez abriter chez vous une meute de petits voyous quadrupèdes, des voyous qui deviendront bien grands par la suite… avec tous les ennuis qu'on peut imaginer !

QUELQUES RÈGLES SANITAIRES CONCERNANT LA PORTÉE

À 20 jours : soin vermifuge contre les ascaris.
À 35 jours : deuxième soin vermifuge contre les ascaris. Dix jours plus tard, prélevez une petite quantité des selles d'un chiot et faites examiner ce prélèvement par le vétérinaire. Celui-ci pourra ainsi déterminer la présence éventuelle de parasites de divers types et, dans l'affirmative, prescrire un traitement adapté.
À 45-50 jours : première vaccination contre l'hépatite, la leptospirose, la maladie de Carré et la parvovirose.
Dix jours plus tard : troisième soin vermifuge.
Cinq jours plus tard : rappel des vaccins.

Le Cane Corso en famille

Le Cane Corso peut devenir un excellent chien de compagnie ; il suffit pour cela de réunir quelques conditions propices : garantir une présence humaine constante, accorder au chien une vraie place dans la famille, enfin le cajoler et jouer avec lui.

Cela ne signifie nullement qu'il faille le traiter comme un petit roi, lui parler d'une voix mièvre ou encore l'inonder de caresses. Ce serait le plus sûr moyen de rendre votre animal malheureux et déséquilibré.

Maison ou appartement ?

Bon nombre de Cane Corso vivent dans le jardin de leur maître : l'espace disponible ainsi qu'une propension du Corso à baver (mais moins que d'autres races de molosses) incitent plus d'un propriétaire à choisir cette solution. Le chien qui vit dehors doit toujours avoir près de lui un coin d'ombre et de l'eau fraîche à disposition.

Même s'il vit dehors, le Corso doit passer le plus de temps possible avec son maître : faites-le donc souvent entrer dans la maison pour qu'il participe à la vie de famille, l'important étant que ce ne soit pas le chien qui mène la danse. Si vous lui donnez le droit de grimper sur le canapé, vous devrez pouvoir obtenir de lui qu'il en descende immédiatement à votre commandement. Si ce n'est pas le cas, c'est que vous avez raté quelque chose dans son éducation. Dépêchez-vous d'y remédier en allant consulter un expert (l'éleveur, le vétérinaire ou un comportementaliste).

À la maison, le Corso fait preuve de patience et de douceur, même avec d'autres animaux. Tout au plus lèvera-t-il les yeux au ciel quand le chat viendra se faire une place dans sa niche, mais jamais il ne montrera d'agressivité envers tout membre « reconnu » de la famille. En revanche, envers les chats inconnus, la situation est souvent bien différente…

Le besoin de mouvement du Corso est limité. Cela ne signifie pas pour autant qu'il faille le cantonner dans d'un petit coin de jardin. Le chien adulte se contente généralement de s'y dégourdir les pattes, puis il s'allonge dans un coin, même s'il a un grand jardin à sa disposition. Il vaut donc mieux sortir avec lui pour le faire jouer.

L'importance des promenades

Indépendamment du fait que le chien vive en intérieur ou dans un jardin, il faut l'emmener souvent en promenade. Le chien adore se promener, faire des rencontres, avoir une vie sociale. Les sorties en laisse n'ont pas pour seul but de permettre au chien de faire ses besoins et de se dégourdir les pattes ; elles lui permettent également de « s'aérer la tête » si, bien sûr, les conditions sont agréables et le temps imparti un peu plus long que celui strictement nécessaire aux besoins.

Un Corso bien élevé, équilibré et socialisé sera toujours de bonne compagnie pour les enfants. Cela étant posé, il faut néanmoins clarifier un point et démentir une bonne fois pour toute une légende tenace : les chiens (hormis de rares exceptions) n'aiment pas les enfants, ils les supportent. Il n'est donc pas conseillé de laisser un chien (même tout jeune) au milieu d'une bande d'enfants bruyants, tripoteurs, tireurs de queue ou d'oreilles : même s'il ne mord pas, le chien pourra en concevoir une véritable aversion pour les enfants et ne jamais être le compagnon affectueux qu'il peut parfaitement devenir en présence d'enfants civilisés, c'est-à-dire élevés dans le respect des animaux.

Étant intelligent, équilibré et responsable, le Corso peut littéralement adorer un enfant qui vit avec lui (à plus forte raison s'il grandit avec lui) et le traiter avec gentillesse. Cela dépend bien entendu des parents et de la manière dont ils auront su éduquer leur enfant.

En plus d'éduquer le chien à ne pas avoir peur des enfants, il faut parfois aussi éduquer l'enfant à ne pas avoir peur des chiens, ce dernier point étant souvent plus épineux qu'il n'y paraît.

COMMENT APPRENDRE À L'ENFANT À NE PAS AVOIR PEUR DES CHIENS

Le chien est un ami ; il est absurde et totalement contre nature d'avoir peur de lui. L'enfant phobique envers les chiens fait montre d'un rapport difficile avec la nature et cela dérange son caractère.
Il a été prouvé que les enfants aimant les animaux figurent parmi ceux qui ont le moins de problèmes relationnels (que ce soit avec leurs semblables ou encore avec les adultes). Ajoutons à cela que tout enfant qui, à la vue d'un chien, s'échappe en proie à la terreur, court un plus grand risque de se voir mordre (voir encadré « Les enfants face à l'instinct prédateur », page suivante).

Pour les parents qui ont peur des chiens

Avant de convaincre l'enfant, vous devrez d'abord comprendre vous-même que la peur des chiens peut être fondée sur une expérience personnelle (peut-être un traumatisme infantile) mais en aucun cas sur une généralité : la majorité des chiens est parfaitement inoffensive.

Ne réprimandez pas ou ne faites pas de mouvement brusque si vous voyez l'enfant s'approcher spontanément d'un chien inconnu : ce genre de comportement a pour conséquence d'effrayer l'animal et peut lui faire prendre l'enfant pour une menace.

Ne dites jamais à l'enfant des phrases telles que : « Ne le touche pas, il pourrait te mordre » ou encore « Ne le touche pas, il est plein de puces ». Ces interdictions non seulement encouragent la peur du chien chez l'enfant, mais encore sont erronées : les puces, si puces il y a, préfèrent de loin rester sur un chien et ne peuvent se transmettre que difficilement à l'homme dont le sang leur apparaît moins appétissant ; quant au danger d'être mordu, on peut facilement supposer qu'un chien mordeur, se promenant au bout d'une laisse, aura auparavant été soigneusement muselé par son maître. Les chiens sans muselière ont donc de fortes chances d'être de sympathiques toutous et il n'y a pas lieu d'avoir peur d'eux. En ce qui concerne le chien errant, on ne peut certes pas connaître son caractère mais on peut supposer, en revanche, que, n'étant pas retenu en laisse, il a toute possibilité de s'en aller s'il n'apprécie pas les attentions dont il est l'objet. Bref, on a tout lieu de croire que les cas de personnes mordues par les chiens restent des incidents rarissimes, dès lors que le chien peut choisir de partir plutôt que d'attaquer.

Enseignez à l'enfant qu'il ne doit jamais courir ou crier devant un chien (voir encadré « Les enfants face à l'instinct prédateur » page suivante).

Pour les parents qui n'ont pas peur des chiens

Ne racontez pas au petit enfant des histoires qui mettent en scène « le grand méchant loup » ou alors expliquez-lui, par des mots tout simples, que le « méchant loup » est une pure invention littéraire et que, en vérité, cet animal ne mange pas les hommes.

Apprenez à l'enfant à ne pas se précipiter sur un chien inconnu mais à s'avancer lentement vers lui en l'appelant, la main tendue pour se faire renifler. Un chien approché comme il faut ne mordra jamais à l'improviste.

Expliquez à l'enfant quels sont les premiers signes d'agressivité (poil dressé, oreilles en arrière, grondements) et faites-lui comprendre que ceci est le langage du chien pour dire qu'il ne veut pas être touché et qu'il faut alors respecter son désir d'être laissé en paix.

Comme précisé plus haut, il faudra enseigner à l'enfant à ne jamais courir devant un chien.

Pour les parents dont les enfants ont déjà peur des chiens

Ne forcez jamais un enfant à s'approcher d'un chien, mais contentez-vous de donner l'exemple en le caressant et en jouant avec lui.

Montrez à l'enfant des films, documentaires ou cassettes vidéo où les chiens ont un rôle de « gentil ».

Faites jouer l'enfant avec des chiens en peluche.

Pour les premières approches avec un vrai chien, ne choisissez pas un petit chiot ou encore un jeune chien car ceux-ci sont excessifs dans leurs effusions : en jouant, un chiot peut mordre des chaussures ou des chaussettes ; quant au jeune chien, il peut facilement jeter un enfant à terre pour lui faire fête et, dans ces cas-là, loin de rassurer l'enfant, cela le terrorisera car il n'aura pas perçu les intentions amicales du chien. En définitive, vous aurez obtenu l'effet inverse de celui souhaité ! Il vaut bien mieux choisir le chien adulte, tranquille et aimant les enfants, un animal qui se laisse caresser et conduire en laisse presque aussi docilement qu'une peluche vivante !

Voir conseils des points précédents.

Tous les chiens gardent une proportion plus ou moins variable de leur instinct prédateur : chez le Cane Corso, cette proportion est élevée.

Une pulsion instinctive est, par définition, quelque chose qui survient automatiquement sans que le chien ait à « raisonner » : c'est cette pulsion qui pousse le chien à poursuivre (et parfois à mordre) tout ce qui présente l'aspect et le comportement typique de la proie.

Pour le chien comme pour son ancêtre le loup, la proie se présente comme un être plus petit que lui, qui fuit rapidement en émettant des sons aigus : comportement typique du chat en fuite, ou encore de l'animal de basse-cour qui s'en va en battant des ailes... C'est aussi le comportement de l'enfant qui, apeuré par le chien, s'enfuit en criant et en pleurant. Un tel stimulus peut entraîner même le plus tranquille et le plus pacifique des chiens à la poursuite de l'enfant : le chien courra après la « proie » peut-être uniquement par jeu, terrorisant encore davantage l'enfant et renforçant sa phobie.

C'est pourquoi il est vraiment indispensable d'apprendre aux enfants à ne pas s'enfuir ni crier devant un chien mais à rester calme et ferme en attendant l'intervention des adultes.

Un enfant et un chien très attachés l'un à l'autre partageront des moments merveilleux et, tout à ses jeux, l'enfant pourra en oublier les règles élémentaires d'hygiène, en embrassant son chiot sur le museau ou encore en partageant son goûter avec lui. Apprenez à l'enfant à éviter ces comportements, mais ne dramatisez pas s'il ne vous obéit pas toujours : les maladies transmissibles du chien à l'homme sont extrêmement rares et un animal dûment vacciné, bien tenu et en bonne santé ne saurait présenter de réel danger.

Les emplois du Cane Corso

Pour qui désire employer son Corso comme chien de garde, le choix de cette race est idéal, présentant une propension naturelle à défendre son territoire et faisant preuve d'un attachement prononcé pour son maître.

Nous détaillerons dans ce chapitre les mesures nécessaires à prendre pour élever un Corso destiné aux expositions, ainsi que certaines activités sportives à pratiquer avec votre ami quadrupède.

Le chien de garde

Le Corso monte la garde de manière spontanée et peut se montrer très dissuasif envers les intrus qui s'approchent de la maison. Il n'y a donc pas lieu de stimuler cette attitude naturelle. Certains jeunes chiens peuvent tarder un peu à prendre possession du territoire, mais dès lors qu'ils s'y mettent, plus personne ne peut se permettre d'entrer sans leur permission.

Un chien équilibré, même s'il apprécie peu la présence d'étrangers, saura se comporter de manière pacifique en présence de son maître : si l'hôte a été prié d'entrer, le chien se laissera même caresser. Mais cette même personne ne pourra se permettre de pénétrer dans la propriété en l'absence du maître de maison, car le chien ne le lui permettrait pas, même après de courtoises présentations.

Les expositions

En exposition, le Cane Corso est généralement placé de manière très naturelle, le poids équitablement réparti sur ses quatre pattes, sans aucune pose forcée.

La présentation « à l'américaine » est également largement répandue : la tête est maintenue haut par le collier placé juste derrière l'occiput.

Le chien doit être habitué à se laisser toucher par le juge, lequel devra contrôler ses dents et, s'il s'agit d'un mâle, ses testicules. Certains juges appuient sur la colonne pour en vérifier la solidité. Le Corso étant un chien dominant (avec un sens aigu de la dignité), on ne peut s'attendre logiquement à ce qu'un sujet adulte se soumette à cette intrusion sans rien faire face à ces interventions humaines (signes de domination de son point de vue). Il faudra donc habituer petit à petit l'animal, et cela dès son plus jeune âge, à ces étrangers qui n'ont aucunement l'intention de le menacer ni de le dominer mais juste de l'examiner sous toutes les coutures. Des étrangers, certes, mais totalement inoffensifs !

Après l'examen du chien immobile a lieu l'examen du chien en mouvement, un exercice qu'il pourra aussi bien effectuer seul qu'avec tous les autres chiens de son sexe inscrits au concours, les sujets trottant alors tous ensemble sur le ring. Durant cette phase, le contrôle du chien se révélera un élément indispensable, mais, plus encore, ce qui est fondamental ici est que le chien soit bien socialisé envers ses semblables. Un sujet bagarreur aura tendance à marcher de manière irrégulière et perdra des points ; si, en plus, il échappe au contrôle du *handler* (le conducteur) et manifeste ouvertement son agressivité envers ses « collègues », il sera carrément écarté du ring.

LES ACTIVITÉS SPORTIVES

ÉPREUVES DE TRAVAIL

Elles permettent d'obtenir les brevets allemand (SChH) et international FCI (IPO) et comportent trois sections : exercices de piste, d'obéissance et de défense. L'obtention de ces brevets est exigée chez certaines races pour l'attribution du titre de champion de beauté, mais ce n'est actuellement pas le cas pour le Corso qui peut donc s'adonner à ces disciplines dans un but uniquement sportif. Certains sujets ont déjà obtenu d'excellents résultats.

CHIEN D'AGILITY

L'agility est une discipline qui compte un nombre élevé d'adeptes. Il s'agit, en l'occurrence, de faire effectuer au chien un parcours avec obstacles similaires à ceux des concours hippiques (mais évidemment bien moins élevés…). Le chien n'a ni collier ni laisse et doit courir sur le terrain en sautant les obstacles que le conducteur, tout en courant à ses côtés, lui indique au fur et à mesure. Tous les Corsos ne sont pas aptes à cette discipline. Les femelles réussissent généralement mieux que les mâles, ainsi que les sujets pas trop massifs.

OBÉISSANCE

Voici une discipline très récente qui n'est pratiquée en Europe que depuis quelques années. Par obéissance, on entend ici un sens plus large que le strict fait d'obéir à son maître. Dans cette discipline, en effet, ce qui est jugé n'est pas tant l'obéissance du chien au maître que le rapport d'étroite collaboration qui les lie. Le chien doit être visiblement heureux d'exécuter les exercices et de faire plaisir à son maître.

Ce sport ne comporte ni exercice de piste, ni épreuve de défense.

Aucune préparation physique n'est nécessaire et il n'est besoin d'aucun accessoire en particulier. Peuvent donc s'y adonner tous types de personnes, même âgées, et n'importe quel pré ou bout de terrain peut faire l'affaire pour s'entraîner.

LE STANDARD ET LES CONSEILS DU VÉTÉRINAIRE

FCI N° 343

Origine : Italie

Date de publication du standard d'origine en vigueur : 12.03.1999

Utilisation : Chien de garde, de défense, de police et de pistage

Classification FCI : Groupe 2 : Chiens de type Pinscher et Schnauzer, molossoïdes et chiens de montagne et de bouvier suisses.
Section 2.2 : Molossoïdes, type montagne. Sans épreuve de travail.

Bref aperçu historique

Le Corso est le descendant direct de l'ancien molosse romain. Anciennement présent dans toute l'Italie, il s'est seulement maintenu dans les Pouilles et les régions limitrophes de cette province de l'Italie méridionale. Son nom dérive du latin *cohors* qui signifie « le protecteur, gardien des fermes ».

Aspect général

C'est un chien d'assez grand volume, solide et vigoureux tout en restant élégant. Ses contours nets révèlent des muscles puissants.

Proportions importantes

Il est un peu plus long que haut. La longueur de la tête atteint 36 % de la hauteur au garrot.

Comportement et caractère

Gardien de la propriété, de la famille et du bétail, on l'utilisait dans le passé pour surveiller le bétail et pour la chasse au gros gibier.

Tête

Large, typiquement molossoïde, avec une légère convergence des axes longitudinaux supérieurs du crâne et du chanfrein.

Région crânienne

Crâne

Le crâne est large, sa largeur au niveau des arcades zygomatiques est égale ou dépasse sa longueur. Sa partie antérieure convexe s'aplatit passablement du front jusqu'à l'occiput. On distingue un sillon frontal médian.

Stop

Le stop est marqué.

Région faciale

Truffe

Noire et volumineuse avec de grandes narines bien ouvertes.

Elle se situe sur le même plan que le chanfrein.

Museau

Fort, carré, notablement plus court que le crâne, dans un rapport d'environ 1 à 2 ; la face antérieure du museau est plate ; ses faces latérales sont parallèles ; le museau est aussi large que long.

De profil, le chanfrein est droit.

Lèvres

Les lèvres supérieures, modérément pendantes, recouvrent la mâchoire inférieure de sorte que ce sont elles qui

(© Hermeline/Cogis)

déterminent le profil inférieur du museau.

Mâchoires/dents

Les mâchoires sont très larges et épaisses avec des branches mandibulaires courbes. La denture montre un léger prognathisme inférieur. L'articulé en pince est admis, mais pas recherché.

Yeux

Ils sont de grandeur moyenne, affleurant légèrement, approchant de la forme ovale et placés de face. Les paupières sont bien appliquées sur le globe oculaire. L'iris est le plus foncé possible selon la couleur de la robe. Le regard est vif et attentif.

Oreilles

Triangulaires, pendantes, larges à leur attache située très au-dessus des arcades zygomatiques. Elles sont souvent raccourcies en triangles équilatéraux.

Cou

Robuste, musclé, aussi long que la tête.

Corps

Il est un peu plus long que la hauteur au garrot. Il est solidement construit, sans être trapu.

Garrot

Le garrot est prononcé, il est plus haut que la croupe.

Dos

Le dos est droit, très musclé et ferme.

Rein

Le rein est court et solide.

Croupe

La croupe est longue et large, légèrement oblique.

Poitrine

Le thorax est bien développé dans les trois dimensions, il descend jusqu'à la hauteur du coude.

Queue

Attachée plutôt haut, très grosse à sa racine. On l'ampute à la quatrième vertèbre. Quand le chien est en action elle se relève mais jamais à la verticale ni enroulée.

Membres

Membres antérieurs

L'épaule est longue, oblique, très musclée.

Le bras est puissant.

L'avant-bras est droit et très robuste.

Le carpe et le métacarpe sont élastiques.

Le pied antérieur est en « pied de chat ».

Membres postérieurs

La cuisse est longue, large ; la ligne postérieure de la cuisse est convexe.

La jambe est sèche, pas charnue.

Le jarret est modérément angulé.

Le métatarse est large, nerveux.

Le pied postérieur est un peu moins compact que le pied antérieur.

Allures

Pas étendu, trot allongé ; l'allure préférée est le trot.

Peau

Assez épaisse et plutôt bien plaquée sur les couches sous-jacentes.

Robe

Texture du poil

Court, brillant et très serré avec une couche de sous-poil mince.

Couleur du poil

Noir, gris plomb, gris ardoise, gris clair, fauve clair ; rouge cerf, fauve foncé ; bringé (raies sur fond fauve ou gris de différentes nuances). Les sujets fauves et bringés ont au museau un masque noir ou gris, qui ne doit pas dépasser la ligne des yeux. On admet une petite tache blanche sur le poitrail, sur la pointe des pieds et sur le chanfrein.

Taille et poids

Hauteur au garrot :
– mâles : de 64 à 68 cm ;
– femelles : de 60 à 64 cm,

avec une tolérance de 2 cm en plus ou en moins.

Poids :
– mâles : de 45 à 50 g ;
– femelles : de 40 à 45 kg.

Défauts

Tout écart par rapport à ce qui précède doit être considéré comme un défaut qui sera pénalisé en fonction de sa gravité.

Défauts graves

• Axes supérieurs du crâne et du chanfrein parallèles ou trop convergents ; convergence des faces latérales du museau.
• Dépigmentation partielle de la truffe (taches de ladre).
• Articulé en ciseaux ; prognathisme inférieur accentué.
• Queue dressée verticalement ou en anneau.
• Sujet, qui, au trot, va en permanence l'amble.
• Taille supérieure ou inférieure aux limites indiquées.

Défauts éliminatoires

• Divergence des axes craniofaciaux.
• Truffe totalement dépigmentée.
• Chanfrein concave ou convexe (de mouton).
• Prognathisme supérieur.
• Dépigmentation partielle ou totale des paupières.
• Yeux vairons ou strabisme.
• Anourie ou brachyourie (queue écourtée ou non).
• Poil semi-long, ras, avec des franges.

Toutes les couleurs non prévues par le standard ; larges taches blanches.

N.B. : Les mâles doivent avoir deux testicules d'aspect normal complètement descendus dans le scrotum.

(© Gauzargues/Cogis)

L'identification de votre Cane Corso

Elle est obligatoire pour toute cession (don, vente, adoption) d'animaux.

• Fichier félin : 10, place Léon-Blum – 75011 Paris
• Fichier canin : SCC – 155, avenue Jean-Jaurès – 93535 Aubervilliers – Tél. : 01 49 37 54 00
• Puce électronique : SAPV – 112/114, avenue Gabriel-Péri – 94246 L'Haÿ-les-Roses Cedex – Tél. : 01 55 01 08 40 – Fax : 01 55 01 08 04

LA PUCE ÉLECTRONIQUE

• L'implantation se fait au niveau de la gouttière jugulaire gauche (article 9 de l'arrêté du 2/7/2001).
• La lecture du transpondeur après l'implantation est vérifiée et correcte.
• Le vétérinaire attire l'attention du propriétaire sur la possibilité de transmettre les informations portées sur le certificat d'identification provisoire, pour permettre de retrouver plus rapidement son animal ; dans ce cas, le OUI doit être indiqué.
• Le volet bleu du certificat d'identification provisoire est complété, signé, daté et remis immédiatement au propriétaire de l'animal par le vétérinaire ayant réalisé l'identification. Si l'identification est réalisée par un associé, il indique au préalable son nom, prénom et numéro national d'inscription à l'ordre des vétérinaires. Le volet blanc est adressé dans les huit jours au SNVEL-SIEV (article 13 de l'arrêté du 2/7/2001). Le volet jaune est conservé dans les archives durant trois ans au-delà de l'année civile en cours (article 12 de l'arrêté du 2/7/2001).
• Le SNVEL-SIEV adressera directement au propriétaire une carte d'identification et transmettra les informations au responsable national du fichier d'identification de l'espèce concernée.

Traitement des cartes d'identification par les responsables des fichiers nationaux d'identification (SNVEL-SIEV et SCC)

Cession d'un animal

L'ancien propriétaire remet la partie A au nouveau propriétaire, après l'avoir signée, et adresse la partie B, signée de l'ancien et du nouveau propriétaire, au responsable du fichier national de l'espèce concernée (SCC pour les chiens, SNVEL pour les autres carnivores domestiques), lequel édite et adresse, dans un délai de huit jours, une nouvelle carte d'identification au nouveau propriétaire (article 15 de l'arrêté du 2/7/2001).

Changement d'adresse

Le propriétaire complète, signe et retourne la partie B au responsable du fichier national de l'espèce concernée, lequel contrôle les informations, édite et adresse au propriétaire, dans un délai de huit jours, une nouvelle carte d'identification (article 16 de l'arrêté du 2/7/2001).

Décès de l'animal

Le propriétaire complète, signe et retourne la partie B au responsable du fichier national de l'espèce concernée dans le mois qui suit la mort de l'animal (article 17 de l'arrêté du 2/7/2001).

Réidentification par tatouage d'un animal déjà tatoué

Elle concerne les animaux déjà identifiés par tatouage et

La queue du Corso est amputée à la quatrième vertèbre. (© Monnier/Cogis)

dont le numéro de tatouage initial n'est plus lisible. La personne habilitée à demander la réidentification (propriétaire dont les coordonnées sont mentionnées sur la carte d'identification conforme et valide) désire réidentifier son animal par tatouage. Le vétérinaire ou la personne habilitée réalise le nouveau tatouage et délivre un modèle Cerfa n° 50-4447 pour les chiens tatoués et Cerfa n° 50-4448 pour les autres carnivores domestiques.

Le vétérinaire ou la personne habilitée ayant réalisé le nouveau tatouage récupère auprès du propriétaire la carte initiale de tatouage de l'animal et l'adresse dans les huit jours accompagnée du volet du Cerfa à la SCC ou au SNVEL-SIEV en fonction de l'espèce concernée. Il conserve le volet vétérinaire durant trois ans au-delà de l'année civile en cours (article 12 de l'arrêté du 2/7/2001).

Le SNVEL-SIEV ou la SCC adresse au propriétaire une carte d'identification portant mention du nouveau numéro de tatouage.

Réidentification par radiofréquence d'un animal déjà tatoué

Elle concerne les animaux déjà identifiés par tatouage et dont le numéro de tatouage initial n'est plus lisible. La personne habilitée à demander la réidentification (propriétaire dont les coordonnées sont mentionnées sur la carte d'identification conforme et valide) désire réidentifier son animal par radiofréquence.

Le vétérinaire possède du matériel d'identification agréé (article 7 et annexe II de l'arrêté du 2/7/2001) et réalise l'identification selon les règles définies au recto de la première feuille d'information.

Le vétérinaire récupère auprès du propriétaire la totalité du document d'identification par tatouage de l'animal et l'adresse dans les huit jours au SNVEL-SIEV, accompagné du volet blanc du certificat d'identification provisoire (article 19 de l'arrêté du 2/7/2001). Le SNVEL-SIEV adressera directement au propriétaire une carte d'identification portant mention du ou

L'identification du Cane Corso est obligatoire pour toute cession. (© Gauzargues/Cogis)

des numéro(s) d'identification et transmettra les informations au responsable national du fichier d'identification de l'espèce concernée.

Réidentification par radiofréquence d'un animal déjà identifié par radiofréquence

Elle concerne les animaux déjà identifiés par radiofréquence et dont la lecture de l'insert n'est ni lisible ni conforme. La personne habilitée à demander la réidentification (propriétaire dont les coordonnées sont mentionnées sur la carte d'identification conforme et valide) désire réidentifier son animal par radiofréquence et accepte que l'insert défectueux soit localisé et retiré.

Le vétérinaire procède au retrait de l'insert défectueux. Il possède du matériel d'identification agréé (article 7 et annexe II de l'arrêté du 2/7/2001) et réalise l'identification selon les règles définies au recto de la première feuille d'information. Le vétérinaire récupère auprès du propriétaire la carte d'identification initiale de l'animal et l'adresse dans les huit jours au SNVEL-SIEV accompagnée du volet blanc du certificat d'identification provisoire et de l'insert retiré (article 19 de l'arrêté du 2/7/2001). Le SNVEL-SIEV adressera directement au propriétaire une carte d'identification portant mention du nouveau numéro d'identification et transmettra les informations au responsable national du fichier d'identification de l'espèce concernée.

Identification complémentaire d'un carnivore domestique déjà tatoué

L'animal est déjà identifié par un tatouage français. La personne habilitée à demander l'identification complémentaire (propriétaire) est la personne mentionnée sur le document d'identification par tatouage conforme et valide (article 19 de l'arrêté du 2/7/2001).

Le vétérinaire possède du matériel d'identification agréé (article 7 et annexe II de l'arrêté du 2/7/2001) et réalise l'identification selon les règles définies au recto de cette feuille.

Le vétérinaire récupère auprès du propriétaire la totalité du document d'identification par tatouage de l'animal et l'adresse dans les huit jours au SNVEL-SIEV, accompagné du volet blanc du certificat d'identification provisoire (article 19 de l'arrêté du 2/7/2001). Le SNVEL-SIEV adressera directement au propriétaire une carte d'identification et transmettra les informations au responsable national du fichier d'identification de l'espèce concernée.

Prise en compte de l'identification d'un carnivore domestique dans le cadre d'une importation ou d'un échange intracommunautaire

Elle concerne les animaux en provenance de l'étranger et résidant sur le territoire français pour une période supérieure à trois mois. Le propriétaire est tenu de s'assurer de la prise en compte de son identification dans le fichier national français dans les sept jours suivant son arrivée sur le territoire (article 23 de l'arrêté du 2/7/2001).

La demande de prise en compte d'une identification existante est faite au moyen d'un certificat spécifique disponible auprès des responsables des fichiers nationaux d'identification. Si l'animal est uniquement tatoué et qu'il s'agit d'un chien, la demande est faite auprès de la SCC. Si l'animal est au moins identifié par radiofréquence ou si l'animal est uniquement tatoué et qu'il ne s'agit pas d'un chien, la demande est faite auprès du SNVEL-SIEV. L'identification doit être lisible par un matériel de lecture aux normes 150 11785 (article 24 de l'arrêté du 2/7/2001). Si la lecture se révèle impossible, l'animal doit être réidentifié.

Le propriétaire doit nécessairement présenter un certificat sanitaire et éventuellement une carte d'identification du pays d'origine pour l'animal dont l'identification doit être prise en compte (article 23 de l'arrêté du 2/7/2001). En cas d'absence de document, la demande de prise en compte ne peut être entérinée.

Après vérification des caractéristiques de l'animal, le vétérinaire complète, date et signe le certificat provisoire d'identification – importation ou échange intracommunautaire. Le volet « propriétaire » est remis au propriétaire de l'animal, le volet « gestionnaire ou responsable du fichier de l'es-

Le député Sarre propose des mesures visant à la responsabilisation et à la professionnalisation de l'élevage de chiens en France. (© Gauzargues/Cogis)

pèce concernée » est retourné au SNVEL ou à la SCC. Le vétérinaire conserve le volet vétérinaire durant trois ans au-delà de l'année civile en cours (article 13 de l'arrêté du 2/7/2001).

Dans le cas d'un animal au moins identifié par radiofréquence et après vérification de la cohérence et de la non-existence de l'identification dans le fichier national, le SNVEL-SIEV transférera les informations d'identification au responsable du fichier national de l'espèce concernée et adressera au propriétaire une carte d'identification portant mention du ou des numéros d'identification de l'animal dans le cas d'un animal seulement tatoué. Ces opérations sont faites par le responsable du fichier de l'espèce concernée. En cas de préexistence de ce numéro d'identification dans le fichier national pour un autre animal, le propriétaire est informé de la nécessité de réidentification de l'animal.

Prise en compte de l'identification électronique d'un carnivore domestique identifié avant le 18 janvier 2001

Elle concerne les animaux résidant sur le territoire français depuis plus de trois mois et ayant été identifiés par radiofréquence avant le 18 janvier 2001 (même si l'identification a été faite à l'étranger). L'identification doit être lisible par un matériel de lecture aux normes 150 11785 (article 24 de l'arrêté du 2/7/2001). Si la lecture se révèle impossible, l'animal doit être réidentifié.

Le propriétaire est tenu de faire valider la prise en compte de l'identification de son animal dans le fichier national (article 24 de l'arrêté du 2/7/2001).

La demande de prise en compte de l'identification est faite au moyen d'un certificat spécifique disponible auprès du SNVEL-SIEV. Après vérification des caractéristiques de l'animal, le vétérinaire complète, date et signe le certificat provisoire d'identification – identification antérieure au 18 janvier 2001. Le volet « propriétaire » est remis au propriétaire de l'animal, le volet « SNVEL-SIEV » est retourné au SNVEL ; le vétérinaire conserve le volet « vétérinaire » durant trois ans au-delà de l'année civile en cours (article 24 de l'arrêté du 2/7/2001).

Après vérification de la cohérence et de la non-existence de l'identification dans le fichier national, le SNVEL-SIEV transfère les informations d'identification au responsable du fichier national de l'espèce concernée et adresse au propriétaire une carte d'identification portant mention du numéro ou des numéros d'identification de l'animal (si l'animal avait été précédemment tatoué, la carte de tatouage doit être récupérée). En cas de préexistence de ce numéro d'identification dans le fichier national pour un autre animal, le propriétaire est informé de la nécessité de réidentification de l'animal.

Vente/achat

Vices rédhibitoires

Les vices rédhibitoires sont définis par l'article 285 du Code rural pour chaque espèce animale. Pour que l'acheteur puisse obtenir gain de cause auprès du vendeur, trois conditions doivent être réunies :
- le vice doit être constaté dans le délai prévu, dit délai de suspicion, qui court à dater de la livraison de l'animal ;
- le vice doit faire l'objet d'un constat par un vétérinaire ;
- l'action juridique doit être intentée dans le délai réglementaire.

Chez le chat, le législateur a retenu :
- la panleucopénie infectieuse (typhus). Délai de suspicion : 5 jours ;
- la leucose féline, ou FeLV. Délai de suspicion : 15 jours ;
- la péritonite infectieuse féline. Délai de suspicion : 21 jours.

Chez le chien, le vices rédhibitoires sont :
- la parvovirose. Délai de suspicion : 5 jours ;
- l'hépatite de Rubarth. Délai de suspicion : 6 jours ;
- la maladie de Carré. Délai de suspicion : 8 jours ;
- des tares héréditaires : dysplasie coxo-fémorale, atrophie rétinienne.

Le certificat mordeur

Pour un animal mordeur (d'un autre animal ou d'une personne), qu'il soit vacciné ou non contre la rage, il est obligatoire de le mettre « en observation » quinze jours.

LEVÉE DE LA QUARANTAINE BRITANNIQUE LE 28 FÉVRIER 2000

Procédure pour chiens et chats – Marche à suivre pour le propriétaire

1. Votre animal doit être tatoué et vacciné contre la rage
Votre départ doit avoir lieu dans plus de 6 mois.

2. 1re visite chez votre vétérinaire pour une prise de sang
Sérologie : rage.
Pensez à apporter :
- la carte de tatouage ;
- le certificat de vaccination contre la rage.

Après le résultat de la prise de sang (si sérologie rage > 0,5 UI/ml) :

3. 2e visite chez votre vétérinaire pour l'identification électronique
Pose d'un transpondeur ou puce électronique.
Vous recevrez :
- un certificat d'identification électronique ;
- un certificat de santé international spécifique ;
- l'attestation du résultat de la prise de sang.

Au minimum 6 mois après :

4. Départ
L'animal peut partir pour le territoire britannique accompagné de tous ces documents, contresignés par votre vétérinaire :
- certificat de santé international ;
- certificat d'identification électronique ;
- attestation du résultat de la prise de sang ;
- certificat de vaccination antirabique.

LA CIRCULATION DES ANIMAUX DOMESTIQUES DANS L'UNION EUROPÉENNE

	Certificat de vaccination antirabique	Certificat de bonne santé	Nombre maximal d'animaux	Identification	Quarantaine	Autre(s) condition(s)
Allemagne	De plus de 30 jours, et moins d'un an	Non demandé	3	Non demandée	Inexistante	Introduction interdite de certaines races canines (liste variable selon les Länder)
Autriche	De plus de 30 jours	Oui	3	Non demandée	Inexistante	Animaux de moins de 3 mois interdits
Belgique	Oui	Non demandé	Non précisé	Tatouage ou micro-puce	Inexistante	Néant
Danemark	De plus de 30 jours, et moins d'un an	Oui	Non précisé	Non demandée	Inexistante	Néant
Espagne	Oui	Oui	Non précisé	Non demandée	Inexistante	Néant
Finlande	De plus de 30 jours, et moins d'un an (uniquement pour les animaux en provenance de pays non indemnes de rage)	Attestant l'absence de signe de maladie contagieuse	Non précisé	Non demandée	Inexistante	Pas de vaccination requise pour les animaux de moins de 3 mois Certificat de vaccination contre la maladie de Carré, la leptospirose, l'hépatite de Rubarth (chiens) Certificat de traitement antiparasitaire interne, sauf pour les animaux en provenance de certains pays
France	De plus de 30 jours, pour les animaux en provenance de pays non indemnes de rage ou de pays tiers	Remplace le certificat de vaccination antirabique pour les animaux en provenance de pays indemnes de rage depuis plus de trois ans, doit attester que l'animal y a séjourné depuis sa naissance, ou depuis plus de 6 mois	3	Tatouage ou micro-puce	Inexistante	Animaux de moins de 3 mois interdits Introduction interdite de chiens de 1re catégorie Pour les animaux en provenance de pays tiers, les conditions supplémentaires requises sont une sérologie antirabique (de plus de 3 et moins de 12 mois) et une vaccination contre la maladie de Carré, la parvovirose, la leptospirose et l'hépatite de Rubarth (pour les chiens) et contre la panleucopénie pour les chats
Grèce	De plus de 15 jours, et moins d'un an	Oui	Non précisé	Non demandée	Inexistante	Néant
Irlande	Non demandé	Non demandé	Non précisé	Micro-puce	Obligatoire (6 mois, pour les animaux de plus de 6 mois)	Alternative à la quarantaine : introduction de l'animal par le Royaume-Uni, accompagné de son maître
Italie	De plus de 20 jours, et moins de 11 mois	De moins de 30 jours	5	Non demandée	Inexistante	Néant
Pays-Bas	De plus de 30 jours, et moins d'un an	De moins de 10 jours	2	Non demandée	Inexistante	Animaux de moins de 3 mois : vaccin rage atténué Introduction de chiens de type Pit-Bull interdite D'autres races sont en cours de discussion
Portugal	De plus de 15 jours, et moins d'un an	Atteste que l'animal provient d'un département indemne de rage (chien, chat) et de panleucopénie (chat)	Non précisé	Non demandée	Inexistante	Animaux de moins de 3 mois interdits Certificat de vaccination contre la maladie de Carré, la leptospirose, l'hépatite de Rubarth (chiens)
Royaume-Uni	De plus de 6 mois, contrôle sérologique après 30 jours (> 0,5 UI/ml)	Non demandé	Non précisé	Micro-puce	Inexistante	Animaux de moins de 3 mois interdits Certificat d'importation au Royaume-Uni Certificat de traitement antiparasitaire interne et externe Introduction interdite de chiens de type Pit-Bull Terrier, de race Tosa Inu, Dogue argentin et Fila Brasileiro
Suède	De moins d'un an, contrôle sérologique au moins 120 jours après le vaccin	De moins de 10 jours	Non précisé	Micro-puce ou tatouage	Inexistante	Certificat de traitement antiparasitaire interne Permis d'importation Vaccination contre la maladie de Carré et la leptospirose

La mise en observation

Elle consiste en trois visites chez le vétérinaire de l'animal mordeur à une semaine d'intervalle.

Les trois visites sont à la charge du maître du mordeur.

• 1re visite : V1 ; elle se fait le plus vite possible après la morsure.

• 2e visite : V2 ; sept jours après la morsure.

• 3e visite : V3 ; quinze jours après la morsure.

V1 = Jm + x
V2 = Jm + 7
V3 = Jm + 15

Si l'animal meurt dans les quinze jours, il existe un risque que la salive ait été contaminante au moment de la morsure, même s'il n'y avait pas de symptômes.

Toutes les personnes ayant été en contact avec l'animal seront traitées.

Tous les animaux en contact seront euthanasiés.

Les chiens dangereux

Les lois, projets et rapports

Le rapport « Sarre »

M. Chevènement a confié une étude au député de Paris M. Georges Sarre qui a rendu son rapport : mesures à prendre pour réglementer la vente, la possession et l'usage des chiens d'attaque.

Il contient sept chapitres.

• Deux objectifs majeurs sont fixés :

- légiférer pour protéger les hommes en raison du développement d'une psychose des chiens dangereux dont la détention est perçue par les citoyens comme une menace ;
- légiférer pour protéger les animaux contre leurs conditions d'utilisation.

• Deux mesures sont envisagées :

- permettre à l'autorité administrative de saisir un chien dont on soupçonne qu'il est utilisé pour un combat et de le faire examiner par un vétérinaire afin d'engager des poursuites vis-à-vis de son maître ;
- imposer aux vétérinaires soignant des chiens blessés lors de combats d'envoyer une déclaration aux forces de l'ordre.

Le député Sarre propose des mesures visant à la responsabilisation et à la professionnalisation de l'élevage de chiens en France :

- obligation de l'obtention d'un certificat de capacité délivré par les directions départementales de l'agriculture (DDA) pour exercer le métier d'éleveur ;
- obligation lors de ventes par petites annonces d'indiquer soit le numéro du certificat de capacité ci-dessus, soit le numéro d'inscription au registre du commerce ou bien encore d'obtenir une autorisation par la direction des services vétérinaires ;
- obligation d'obtention d'un certificat d'aptitude professionnelle délivré par les DDA pour exercer la profession de dresseur éducateur pour chiens ;
- interdire le dressage au mordant sur civil ;
- faire appliquer la loi du 10 octobre 1986 qui oblige les agents cynophiles de sécurité (ou « maîtres-chiens ») à tenir leurs chiens muselés et en laisse.

Le député Sarre propose :

- l'obligation de tatouage pour tous les chiens quelle que soit la race. Celui-ci serait réalisé par les seuls vétérinaires avec une gestion centralisée par la SCC ;
- l'obligation de vaccination antirabique sur l'ensemble du territoire et non plus seulement en zone infectée ;
- l'obligation de museler les chiens dangereux circulant sur la voie publique ;
- l'obligation d'assurance pour tous les propriétaires de chiens auxquels l'obligation du port de la muselière s'applique.

Pour lutter contre les trafics, le député Sarre propose de réserver le droit de vendre un chien à des professionnels reconnus, exerçant dans des locaux spécialisés et sous couvert d'un certificat de capacité délivré par la DDA ;

- l'interdiction d'importation des chiens d'attaque, mais également des produits issus de leurs croisements. Toutefois, l'auteur reconnaît lui-même que cela est impossible pour les races reconnues par la SCC et très difficile juridiquement pour les animaux comme les « Pit-Bulls » qui ne constituent pas une race selon la SCC ;

C'est en mars 1998 que le ministre de l'Agriculture et de la pêche présente un projet de loi « relatif aux animaux dangereux et errants ainsi qu'à la protection des animaux domestiques. »

– l'interdiction d'élevage pour les animaux précités mais déjà présents sur le territoire français.

Le député Sarre propose également :

• Des interdictions de possession pour des publics spécifiques que sont :

– les personnes condamnées au titre de la loi Toubon du 22/7/96, c'est-à-dire pour utilisation de chien comme arme ;
– les personnes condamnées pour obstacle aux forces de police ;
– les mineurs et personnes sous tutelle (sauf autorisation spéciale).

• Un régime déclaratif général pour tous les possesseurs de chiens potentiellement dangereux. Cette déclaration se fera à la gendarmerie ou au commissariat puis sera centralisée à l'échelon national. Le problème restera que les délinquants ne les déclareront pas et que ce seront les maîtres responsables qui se trouveront ennuyés, d'autant que les fichiers ne sont pas toujours bien perçus par la population.

• L'extension des pouvoirs de police du maire : pour prévenir des troubles causés par des animaux malfaisants ou féroces, même non divagants, le maire pourra également imposer des prescriptions quant aux modalités de garde des chiens dangereux et sanctionner leur inexécution par une mise en fourrière.

• L'interdiction des chiens dangereux sur la voie publique : elle s'appliquerait dans les transports en commun et les locaux ouverts au public, ce qui ne toucherait pas la voie publique, ni les lieux tels que les bois, forêts et champs du domaine public.

• La confiscation définitive par l'autorité administrative en cas de trouble à l'ordre public.

• Le pouvoir d'euthanasier un chien dangereux : lorsque ce chien a été confisqué dans le cadre précisé ci-dessus, l'euthanasie se ferait après avis d'un vétérinaire agréé par la DSV.

• Les règlements locatifs des bailleurs sociaux : il est proposé de pouvoir interdire aux locataires de détenir un chien dangereux ; la mise en jeu de la clause résolutoire par le bailleur sera alors autorisée. En cas de contestation par le locataire, il sera demandé à un vétérinaire désigné par la DSV ou à un juge confirmateur de la SCC de se prononcer sur la catégorisation du chien. On peut alors légitimement reposer la question des critères de catégorisation de ces chiens et craindre également la pression exercée sur ces personnes (vétérinaires ou juges de la SCC) par des délinquants de quartiers HLM propriétaires de « Pit-Bulls ».

• Modification des textes en vigueur :
- renforcer les sanctions prévues lors de combats de chiens ;
- punir d'une amende de 1 524 € la possession d'un chien dangereux non tatoué ;
- *idem* pour le non-respect des mesures de surveillance sanitaire d'un animal ayant mordu ou griffé ;
- correctionnaliser l'inobservation délibérée d'un règlement de sécurité ayant entraîné une interruption de travail de plus de 3 mois ;
- correctionnaliser le mauvais traitement à animaux et prévoir la confiscation immédiate en cas de flagrant délit ;
- permettre au magistrat lors d'une procédure judiciaire de saisir un animal dangereux et de le confier à une association de protection animale ;
- sanctionner l'incitation au mordant, même sur des cibles non humaines ou des objets, ainsi que les défis entre chiens non suivis de combats.
- sanctionner les entraînements abusifs des chiens en prévoyant une contravention vis-à-vis des maîtres entraînant leur chien en le faisant courir derrière une voiture par exemple.

Le projet de loi « Le Pensec »

C'est au mois de mars 1998 que le ministre de l'Agriculture et de la Pêche présente un projet de loi « relatif aux animaux dangereux et errants ainsi qu'à la protection des animaux domestiques ».

Le ministre Louis Le Pensec propose une série de mesures dont certaines reprennent les travaux du précédent gouvernement mais dont la philosophie générale est inspirée largement et consciemment du rapport Sarre.

Ce projet s'articule autour de cinq chapitres réunissant au total pas moins de 26 articles.

• Le premier chapitre est consacré aux animaux dangereux et errants.

L'**article premier** indique que, si un animal est susceptible de présenter un danger pour les personnes ou les animaux, le maire peut imposer de le tenir muselé, attaché ou enfermé. L'inexécution de cette mesure peut entraîner le placement de l'animal dans un lieu adapté où il pourra, après un délai de huit jours et en l'absence de garantie du propriétaire, être adopté ou euthanasié après avis d'un vétérinaire. Cette mesure vise ainsi à renforcer les pouvoirs de police du maire, qui est la première personne confrontée aux problèmes liés aux chiens dangereux.

L'**article 2** est celui qui crée les deux catégories de chiens susceptibles d'être dangereux : la première catégorie étant celle des chiens d'attaque, la deuxième celle des chiens de garde et de défense ; les types de chiens de chacune des catégories étant énumérés par un arrêté ministériel du ministre de l'Agriculture.

Il est ensuite énoncé que ne peuvent détenir ces chiens ni les mineurs et personnes sous

(© Gauzargues/Cogis)

tutelle sans autorisation, ni les personnes auxquelles la garde d'un chien a été retirée en vertu de l'article premier de la loi ni enfin celles condamnées pour un crime ou un délit inscrit au bulletin n° 2 du casier judiciaire. Une sanction de 3 811 € d'amende et 3 mois de prison est prévue en cas d'infraction.

Pour tous les autres possesseurs de chiens inscrits dans l'une des deux catégories, il est imposé une déclaration en mairie avec fourniture du numéro d'identification de l'animal, du certificat de vaccination antirabique et d'un justificatif d'une assurance responsabilité civile.

L'**article 3** n'apporte qu'une précision juridique au titre II du livre II du Code pénal.

L'**article 4** indique que le maire peut envoyer en dépôt de fourrière les animaux sauvages apprivoisés ou tenus en captivité, dès lors qu'ils sont en divagation. Après un délai de huit jours et en l'absence de réclamation, ils sont considérés comme abandonnés et peuvent être cédés ou euthanasiés après avis d'un vétérinaire. Cette mesure vise à limiter la prolifération d'animaux plus ou moins exotiques en France et dont on ne sait pas toujours quoi faire.

L'**article 5** donne aux maires la possibilité de prendre toutes les dispositions en vue d'empêcher la divagation des chiens et des chats. Ils peuvent ordonner le port de la muselière et la tenue en laisse et prescrire le placement en fourrière des animaux errants. Ces mesures visent là encore à clarifier la situation préexistante en évitant les arrêtés municipaux sauvages et contestés.

L'**article 6** abroge un article du Code rural que ces mesures rendent obsolète.

L'**article 7** concerne les fourrières. Il reprend l'obligation de fourrière communale de la loi de 1989 en prévoyant la possibilité de l'étendre à l'échelon intercommunal.

Il prescrit une recherche active des propriétaires en prévoyant, bien sûr, que dans les départements déclarés officiellement infectés de la rage, seuls les animaux vaccinés contre la rage peuvent être restitués à leurs détenteurs.

Pour les animaux non réclamés, la loi prévoit qu'ils deviennent la propriété du gestionnaire de la fourrière après un délai franc de garde de huit jours ouvrés ; ils peuvent alors, après avis d'un vétérinaire, être cédés à titre gratuit à une association de protection animale en vue d'adoption si celle-ci s'engage à respecter une surveillance sanitaire dont les modalités et la durée seront fixées par décret.

Dans les départements officiellement infectés par la rage ou si le vétérinaire en constate la nécessité dans les autres départements, il procède à l'euthanasie des animaux après l'expiration du délai de garde.

L'**article 8** permet à un magistrat, lorsqu'il est saisi d'une affaire, de pouvoir placer les animaux saisis dans un lieu de dépôt prévu à cet effet, voire, si l'animal est dangereux ou malade, d'ordonner qu'il soit vendu ou euthanasié.

- Le deuxième chapitre concerne la vente et la détention des animaux de compagnie.

L'**article 9** impose l'identification des chiens et chats vendus ou donnés et de tous les chiens nés après la publication de cette loi, dès lors qu'ils ont plus de quatre mois ; le problème est qu'il n'est prévu aucune sanction en cas d'infraction.

Elle est obligatoire pour tous les carnivores domestiques dans les départements officiellement déclarés infectés par la rage.

L'article prévoit, en outre, la possibilité d'étendre ces dispositions à des animaux non domestiques selon les modalités fixées par arrêté ministériel.

[...]

L'**article 12** interdit le commerce des animaux de compagnie dans les foires, marchés, brocantes, salons ou expositions non spécifiquement consacrés aux animaux. Les organisateurs de manifestations dédiées aux animaux de compagnie devront faire une déclaration en préfecture et veiller au respect des normes sanitaires et de protection animale.

L'**article 13** prévoit que toute vente d'un animal de compagnie doit s'accompagner :

- d'une attestation de cession, la facture pouvant en tenir lieu ;
- d'un document d'information sur les caractéristiques

et les besoins de l'animal. Toutefois, il n'est pas précisé qui le rédigera ni de quel ordre seront ces conseils.

Par ailleurs, cet article interdit la commercialisation de chiots ou chatons de moins de 8 semaines et l'appellation d'animaux de race à ceux n'étant pas inscrits à un livre généalogique officiellement reconnu.

Enfin, il précise les mentions obligatoires à faire figurer en cas de vente par petites annonces :

- le numéro d'inscription au registre du commerce pour les professionnels ;
- les numéros d'identification de la mère ou des chiots dans le cas des non-professionnels, qui devront, en outre, présenter un certificat de bonne santé de ces chiots, établi par un vétérinaire ;
- le nombre d'animaux proposés à la vente ;
- l'âge des animaux ;
- l'existence ou l'absence d'inscription à un livre généalogique.

L'**article 14** déclare que les infractions aux dispositions des deux articles précédents seront recherchées et constatées par :

- les officiers et agents de police judiciaire ;
- les agents de la Direction générale de la concurrence, de la consommation et de la répression des fraudes (DGCCRF) ;
- les agents de l'Office national des forêts et du Conseil supérieur de la pêche.

L'**article 15** définit la procédure lors du constat d'une infraction. L'autorité administrative met tout d'abord l'intéressé en demeure de satisfaire aux obligations légales. Si celui-ci n'obtempère pas, son activité est suspendue puis il devient passible d'une amende de 7 622 € voire de six mois de prison en cas de mauvais traitements.

• Le troisième chapitre est consacré au transport des animaux. Son **article 16** oblige le professionnel les transportant à être titulaire d'un agrément délivré par les autorités vétérinaires. Dans le cas contraire, les peines encourues sont un emprisonnement de 6 mois et une amende de 7 622 €.

• Le quatrième chapitre concerne l'exercice des contrôles qui se voient, au titre des **articles 17 et 18**, élargis. Ils sont dorénavant possibles de 8 heures à 20 heures, voire au-delà si une activité suspecte y est en cours. L'accès aux véhicules de transport est possible de jour comme de nuit.

Les agents habilités à ces contrôles informent le procureur de la République et constatent les infractions sur procès-verbaux faisant foi jusqu'à preuve du contraire.

En cas d'urgence ou de mauvais traitements, il peut être procédé à l'abattage, au refoulement, au déchargement, à l'hébergement, à l'abreuvement, à l'alimentation et au repos des animaux, et ce aux frais du propriétaire de ces animaux ou de celui qui en a la charge. L'opposition à ces opérations est passible de 6 mois de prison et de 7 622 € d'amende.

Les mesures prévues par la loi du 6 janvier 1999

Après avoir été adoptée fin décembre par le Parlement, la loi n° 99-5 du 6 janvier 1999 relative aux animaux dangereux et errants et à la protection des animaux paraît donc au *Journal officiel*.

L'extension des pouvoirs de police du maire

Ces pouvoirs de police du premier magistrat en matière de lutte contre les animaux dangereux se trouvent considérablement renforcés par l'article premier de la loi qui modifie l'article 211 du Code rural. Celui-ci stipule que si un animal est susceptible de présenter un danger, le maire peut, sur sa propre initiative ou bien à la demande de toute personne concernée, prescrire toutes les mesures jugées nécessaires afin de prévenir ce danger. Si ces mesures ne sont pas appliquées, l'animal en question peut être placé dans un lieu de dépôt adapté qui ne sera pas obligatoirement la fourrière, avant d'être adopté si son comportement le permet ou euthanasié après avis d'un vétérinaire sanitaire mandaté.

Le maire dispose donc de tous les moyens pour lutter contre les animaux dangereux.

Catégories de chiens

Il est instauré la création de deux catégories de chiens susceptibles d'être dangereux dont la liste sera établie par un arrêté conjoint du ministre de l'Intérieur et du ministre

Il est instauré la création de deux catégories de chiens susceptibles d'être dangereux. La première concerne les chiens d'attaque tandis que la seconde inclut les chiens de garde et de défense. (© Gauzargues/Cogis)

de l'Agriculture (article 211-12 du Code rural).

La première catégorie concerne les chiens d'attaque tandis que la seconde inclut les chiens de garde et de défense.

Pour les propriétaires autorisés, la détention d'un chien appartenant à l'une des deux catégories est soumise au dépôt de déclaration en mairie du lieu de résidence, renouvelable donc à chaque déménagement du maître.

Lors de cette déclaration, le propriétaire devra justifier :

- de l'identification du chien ;
- de la vaccination antirabique en cours de validité ;
- du certificat vétérinaire de stérilisation des chiens de première catégorie, puisque celle-ci devient obligatoire en vue d'éradiquer ces chiens d'attaque ;
- de l'assurance responsabilité civile du détenteur du chien pour les dommages causés aux tiers. Le risque ici reste sans doute de voir les compagnies d'assurances appliquer des tarifs prohibitifs, pénalisant les honnêtes propriétaires et instaurant une sélection par l'argent, au risque de voir la fraude s'amplifier puisque les délinquants ne déclareront sans doute pas leur animal.

Les contraintes quotidiennes imposées aux propriétaires de chiens susceptibles d'être dangereux sont présentées dans l'article 211-5 du Code rural. Ces animaux devront être tenus en laisse et muselés sur la voie publique et dans les parties communes des immeubles collectifs. Les chiens de la deuxième catégorie devront l'être également dans tous les lieux publics, les locaux ouverts au public et les transports en commun alors que ceux de la première catégorie y sont purement et simplement interdits. Enfin, un alinéa permet à un bailleur de saisir le maire en cas de dangerosité d'un chien résidant dans un logement dont il est propriétaire, afin que celui-ci puisse prescrire les mesures nécessaires. Il nous semble que cet alinéa est redondant puisqu'il fait double emploi avec l'article 211.

Ces animaux visés par les articles 211-1 à 211-9 ont vu leur liste publiée le 30/4/99. Ce sont des molosses de type Dogue dont la description repose sur la mesure de certaines parties du corps telles que la poitrine, la hauteur au garrot ou la tête.

Les chiens d'attaque, chiens de première catégorie

• Le type « Pit-bull » : c'est-à-dire les chiens assimilables par leurs caractéristiques morphologiques aux chiens de race Staffordshire Terrier ou American Staffordshire Terrier sans être inscrits à un livre généalogique reconnu par le ministère (le LOF).

Ce « type » est donc constitué par de petits Dogues ayant un périmètre thoracique mesurant entre 60 cm (ce qui correspond à un poids d'environ 18 kg) et 80 cm (ce qui correspond à un poids d'environ 40 kg). Leur hauteur au garrot peut aller de 35 à 50 cm. Ce sont des chiens muselés, à poil court et à l'apparence puissante. L'avant est massif avec un arrière comparativement léger. Le stop n'est pas très marqué, le museau mesure à peu près la même longueur que le crâne, tout en étant moins large et la truffe est en avant du menton. Les mâchoires sont fortes avec les muscles des joues bombés.

• Le type « Boerbull » : c'est-à-dire les chiens assimilables par leurs caractéristiques morphologiques aux chiens de race Mastiff, mais sans être inscrits au LOF.

Ce « type » est ainsi constitué de Dogues généralement de couleur fauve à poil court, grands et musclés, avec un corps haut, massif et long. La tête est large avec un crâne large et un museau plutôt court. Les babines sont pen-

(© Gauzargues/Cogis)

dantes, le museau et la truffe peuvent être colorés de noir. Le cou est également large avec des replis cutanés représentant le fanon. Leur périmètre thoracique est supérieur à 80 cm (ce qui implique un poids de plus de 40 kg) avec une hauteur au garrot comprise entre 50 et 70 cm. Le corps de ces chiens est épais et cylindrique avec des volumes abdominaux et thoraciques comparables.

• Le type « Tosa » : c'est-à-dire les chiens assimilables par leurs caractéristiques morphologiques aux chiens de race Tosa, mais non inscrits au LOF.

Ce « type » regroupe alors des Dogues à poil court, fauves, bringés ou noirs, d'un périmètre thoracique supérieur à 80 cm et d'une hauteur d'environ 60 à 65 cm. Leur tête est large avec un stop marqué et un museau moyen, le cou est musclé avec du fanon, la poitrine large et haute. Le ventre est bien remonté et la queue épaisse à la base.

Les chiens de garde et de défense, chiens de deuxième catégorie

Ce sont les chiens de race (c'est-à-dire inscrits à un livre généalogique reconnu par le ministère de l'Agriculture, le LOF) Staffordshire Terrier, American Staffordshire Terrier, Tosa et Rottweiler, ainsi que les chiens assimilables par leurs caractéristiques morphologiques aux chiens de race Rottweiler sans être inscrits au LOF. Ces derniers sont des Dogues à poil court, de couleur noir et feu, ayant un périmètre thoracique supérieur à 70 cm (ce qui correspond à un poids supérieur à 30 kg). Ces chiens mesurent environ 60 à 65 cm, avec un crâne large, un front bombé, un stop très accentué et la truffe à hauteur du menton.

Les obligations des propriétaires de chiens des deux catégories

Se pose le problème des moyens à disposition d'un propriétaire pour faire reconnaître son American Staffordshire Terrier. Il n'existe en France qu'un seul livre des généalogies reconnu : le LOF. Il est ainsi possible de connaître les origines d'un animal, de retrouver ses ascendants et descendants. Chaque année, 150 000 naissances y sont enregistrées ; 50 000 confirmations donnent droit à la délivrance de pedigrees.

L'inscription des chiens au LOF peut s'effectuer selon quatre modalités différentes :

– au titre de la descendance : c'est le cas d'un animal né de parents déclarés, issu d'une saillie déclarée. Il bénéficie d'un certificat provisoire à la naissance avant sa confirmation définitive qui a lieu généralement entre dix et quinze mois ;

MESURES OBLIGATOIRES POUR LES CHIENS DE PREMIÈRE CATÉGORIE

MESURES		SANCTIONS
Acquisition, cession, importation	Interdites	6 mois d'emprisonnement, 15 245 € d'amende
Détention	Interdite aux mineurs et aux personnes condamnées (casier n° 2)	3 mois d'emprisonnement, 3 811 € d'amende
Déclaration à la mairie	Obligatoires	Non encore fixées
Identification (tatouage)		
Vaccination antirabique		
Assurance (responsabilité civile)		
Muselière et laisse		
Accès aux lieux publics, locaux ouverts au public, transports en commun	Interdit	
Dans les parties communes des immeubles collectifs	Stationnement interdit	
Stérilisation	Obligatoire	6 mois d'emprisonnement, 15 245 € d'amende

■ **MESURES OBLIGATOIRES POUR LES CHIENS DE 2e CATÉGORIE**

MESURES		SANCTIONS
Détention	Interdite aux mineurs et aux personnes condamnées (casier n° 2)	3 mois d'emprisonnement, 3 811 € d'amende
Déclaration à la mairie	Obligatoires	Non encore fixées
Identification (tatouage)		
Vaccination antirabique		
Assurance (responsabilité civile)		
Muselière et laisse		
Accès aux lieux publics, locaux ouverts au public, transports en commun	Avec muselière et laisse	
Dans les parties communes des immeubles collectifs		

– au titre de l'importation : le chien importé avec pedigree de son pays d'origine doit subir une visite de confirmation pour être inscrit au LOF ;

– à titre initial, lorsque le chiot n'est pas issu d'un croisement déclaré, il doit subir une visite de confirmation pour obtenir un certificat de confirmation à titre initial. S'il obtient une mention « très bon » ou « excellent », il devient chien de race mais son pedigree est vide ; seule sa descendance pourra être inscrite d'emblée ;

– au titre de l'importation quand il s'agit de chiens inscrits à un livre généalogique étranger reconnu par la SCC et reconnus aptes par un expert confirmateur.

Le livre de la race est dorénavant fermé aux chiens de deuxième catégorie : plus aucun ne pourra donc accéder à la notion de race à titre initial.

Le livre d'attente enfin est réservé à ces races dont le livre des origines est fermé. Pour y accéder, la procédure est identique mais la descendance ne sera pas reconnue : il faut que trois générations successives suivent cette démarche pour que la quatrième soit enfin reconnue au titre de la descendance.

(© Gauzargues/Cogis)

(© Hermeline/Cogis)

L'ALIMENTATION : QUESTIONS ET RÉPONSES

Est-il préférable de donner un ou deux repas par jour ?

Pour un chien adulte, il vaut mieux répartir la nourriture en deux fois par jour. Ne donnez rien entre les repas, excepté quelques petites bouchées comme récompense lors du dressage.

Si votre chien suit un régime amaigrissant, répartissez-le en plusieurs petits repas pour l'aider à contrôler sa faim. Attention : répartir en plusieurs petits repas ne signifie pas pour autant augmenter la quantité de nourriture !

Est-ce mauvais pour le chien de lui donner des bouchées venant de notre assiette ?

C'est très mauvais pour son éducation si vous le faites pendant que vous mangez et que le chien est à vos pieds, car vous lui enseignez à chiner de la nourriture, ce qu'il retient très vite et qui est ensuite très difficile à corriger. Pour éviter ce genre de comportement très désagréable, ne lui donnez jamais de bouchées venant directement de votre assiette et ne répondez jamais à ses sollicitations. Si vous vous laissez attendrir par ses lamentations ne serait-ce que de temps en temps, vous ne ferez que l'encourager à adopter ce comportement : votre chien comprendra qu'à force d'insister il obtiendra ce qu'il veut. Si vous ne savez pas résister à la tentation de lui donner des bouchées, ne laissez pas votre chien rester dans la cuisine pendant que vous préparez le repas et que vous mangez. Rappelez-vous : il faut être cohérent et rigoureux pour que votre chien respecte votre autorité. En outre, cette mauvaise habitude ne permet pas de calculer sa ration alimentaire et prédispose donc votre chien à l'obésité.

Nos aliments sont souvent trop gras, trop salés, trop épicés ou trop doux pour eux, ils ne représentent pas toujours une alimentation très équilibrée. Si votre repas se trouve adapté à son régime, vous pouvez éventuellement en mettre de côté et le lui donner au moment de son propre repas, une fois que vous aurez fini le vôtre. Vous renforcerez ainsi l'idée que c'est vous qui commandez : le chef de meute mange toujours en premier.

Peut-on donner des os à son chien ?

Les os sont à l'origine de nombreux problèmes. D'abord, ils rendent les selles plus dures, et la défécation est donc plus douloureuse : ils peuvent donc constiper voire bloquer complètement l'intestin. Les os ébréchés peuvent blesser le revêtement interne de l'estomac et de l'intestin et même le perforer. Les os de volatiles et de lapins sont particulièrement dangereux, en raison de leur forme pointue. Si vous souhaitez donner à votre chien quelque chose à ronger pour passer le temps et épargner les objets de votre maison, vous pouvez utiliser sans problèmes de faux os en peau ou en Nylon, en vente dans toutes les animaleries.

Comment choisir les aliments dans le commerce ?

Pour savoir si un aliment est bon pour votre chien, ne vous fiez pas à la publicité, à une étiquette attirante, ou à la joie manifestée par votre chien, mais uniquement au prix et à la composition du produit.

La qualité d'un aliment dépend de la qualité de ses ingrédients, mais le premier critère qui doit diriger votre choix est le prix : si rien ne garantit qu'un aliment cher soit bon, un aliment bon marché ne peut pas être de bonne qualité, car ses ingrédients doivent être bon marché et donc de qualité inférieure. Un des facteurs les plus influents sur le prix est la viande, qui dans les aliments les plus médiocres est remplacée par différentes farines (de céréales par exemple) et des sous-produits industriels. Si l'étiquette indique au premier rang de ses ingrédients de la viande (la composition est toujours précisée en fonction de la quantité de chaque ingrédient par ordre décroissant), cela indique que cet aliment est de bonne qualité.

De nombreuses entreprises fabriquent des aliments en fonction de la taille du chien (petite, moyenne, grande) et de son âge (en pleine croissance, adulte, senior pour les vieux chiens), ce qui est évidemment un critère important pour votre choix.

Est-il préférable d'utiliser des croquettes ou des boîtes ?

Pour une même marque, les croquettes offrent plus d'avantages que les boîtes.

Elles sont plus économiques, plus hygiéniques (pendant la saison chaude, les aliments humides « tournent » très vite), et favorisent la bonne santé des dents en empêchant la nourriture de s'accumuler dans la bouche. Beaucoup de chiens préfèrent la saveur des aliments humides et ont tendance à se montrer capricieux devant les croquettes. Dans ce cas, il faut cesser complètement de donner des boîtes, pour leur faire comprendre qu'ils n'ont pas le choix. Ne cédez jamais aux exigences de votre chien, sinon vous en ferez un chien gâté et capricieux.

LE CHANGEMENT D'ALIMENTATION

Si vous souhaitez passer d'un type d'alimentation à un autre (de la nourriture maison aux croquettes, ou des boîtes à la nourriture maison, par exemple) il faut procéder par étapes, et éviter tout changement brutal qui pourrait déclencher des troubles intestinaux et une diarrhée.

Le nouvel aliment doit être administré au début en petites quantités, et mélangé à la nourriture habituelle. En l'espace d'une à deux semaines, augmentez peu à peu la quantité du nouvel aliment en diminuant en proportion égale la part de l'ancien, jusqu'au remplacement complet de l'ancien aliment. Cette méthode est également efficace si vous souhaitez utiliser un type nouveau d'aliment que le chien apprécie peu (par exemple passer d'une marque de croquettes à une autre de qualité supérieure ou de régime amaigrissant).

Est-il bon de donner du calcium et des vitamines ?

Normalement cette pratique est inutile voire néfaste. Une alimentation complète et équilibrée contient, par définition, tout ce dont le chien a besoin ; tel est toujours le cas des aliments dans le commerce qui doivent contenir tous les micro-éléments et toutes les vitamines nécessaires. Trop de calcium et de certaines vitamines (en particulier A et D) provoquent des problèmes de santé et surtout perturbent le développement des os. Si on ne voit plus aujourd'hui de pathologies liées à une carence en calcium, celles liées à un excès de sa consommation sont en revanche plus fréquentes. Si vous optez pour une nourriture faite maison, sachez qu'il est très difficile de créer un aliment complet et équilibré à 100 % ; mais essayez toujours d'améliorer la composition de sa ration pour la rendre plus équilibrée, plutôt que d'ajouter des vitamines et du calcium à un régime déséquilibré.

Un vieux chien qui a perdu toutes ses dents peut-il encore manger ?

Certainement : il n'a pas besoin de déchirer et de dilacérer des morceaux de viande sur sa proie, si vous faites attention à lui donner sa nourriture toute prête, réduite en petits morceaux ou sous forme de croquettes dans sa gamelle.

(© Gauzargues/Cogis)

(© Gauzargues/Cogis)

Pourquoi certains chiens mangent-ils leurs propres excréments ?

On ne sait pas encore clairement pourquoi certains animaux mangent leurs excréments ou ceux d'autres animaux, une explication possible serait l'ennui et le désir d'attirer l'attention du maître. Il se peut qu'ensuite il garde cette habitude mais pas pour les mêmes raisons, uniquement par habitude. Pour éviter la coprophagie (l'ingestion d'excréments), vous pouvez les recouvrir de répulsifs, de poivre par exemple, afin que le chien associe à cette ingestion une expérience désagréable. La coprophagie, aussi répugnante soit-elle, n'est pas particulièrement dangereuse pour la santé, mais elle augmente le risque de contracter des parasites intestinaux.

Est-ce inquiétant s'il a de plus en plus soif ?

Une augmentation de sa consommation d'eau peut être normale s'il fait très chaud ou s'il passe d'une consommation habituelle d'aliments humides à des aliments secs. Mais elle peut aussi indiquer une maladie grave, par exemple une infection de l'utérus, une insuffisance rénale ou hépatique, du diabète. En cas de doute, il vaut mieux consulter le vétérinaire, qui recourra à des examens sanguins et d'urine pour trouver l'origine du problème.

Peut-on donner des aliments pour chats à un chien ?

Les aliments pour chats ne sont pas du tout indiqués pour les chiens : trop gras, trop riches en protéines, ils causeraient à la longue des problèmes de santé. Ils sont aussi comme par un fait exprès plus savoureux, et les chiens les préfèrent souvent à leur nourriture. Si vous possédez des chats, faites en sorte que le chien n'ait pas accès à leur nourriture.

Quelle alimentation est conseillée en cas de légère diarrhée ?

Si le vétérinaire n'a prescrit aucune période de jeûne, donnez-lui une alimentation très digeste, composée de riz très cuit, de viande hachée ou de flocons de lait. Vous pouvez sinon utiliser les aliments spécifiques aux problèmes digestifs vendus tout prêts dans les animaleries.

Est-il nécessaire d'acheter des aliments au goût différent ?

Si vous lui donnez un aliment complet, vous n'êtes pas obligé de varier et d'acheter différentes saveurs : il s'agit ici d'un besoin typiquement humain, qui ne concerne pas l'animal. Si votre chien semble las devant sa nourriture, cela signifie surtout qu'il n'a pas faim ou que vous le nourrissez trop. Après tout, l'appétit n'est-il pas le meilleur assaisonnement ?

(© Monnier/Cogis)

LA CYNOPHILIE OFFICIELLE

Le terme de cynophile désigne, en langue française, la personne qui aime et s'intéresse aux chiens, et la cynophilie officielle est l'ensemble des règles et organismes qui permettent aux activités de sélection et de sauvegarde des races de prendre toute leur ampleur et d'avoir une identité propre.

Pendant longtemps, l'espèce canine s'est reproduite au hasard des rencontres, sans qu'il y ait d'intervention de l'homme quant au choix des reproducteurs. Le chien a sans doute commencé par servir l'homme en tant qu'auxiliaire de chasse à qui ce dernier laissait quelque alimentation en échange de son aide précieuse. Au fil du temps, ces animaux sont restés en contact étroit avec les humains, allant jusqu'à partager une partie de leur vie, se reproduisant même dans leurs campements. Progressivement le chien a pu mettre en exergue d'autres de ses qualités : la garde des troupeaux et des personnes, la traction de charges, les diverses chasses... Les chiens bénéficient alors d'une sélection qui n'est plus tout à fait naturelle, mais qui n'est pas encore celle que nous connaissons à l'heure actuelle : tout d'abord l'évolution se fait en fonction du milieu dans lequel les chiens vivent, c'est-à-dire que leurs poils, leurs gabarits, leurs caractères s'adaptent aussi bien au climat de leur lieu de vie qu'au style de relief de ce dernier (de façon naturelle, un animal vivant au bord de la mer en Angleterre ne présentera pas les mêmes caractéristiques morphologiques que celui qui se situe dans les montagnes neigeuses du Caucase ou dans le désert nord-africain). Ensuite le caractère et la morphologie s'adaptent à l'utilisation pour laquelle on les réserve (un chien de trait n'est pas identique à un chien de berger ou un chien de chasse). Petit à petit, l'humain a sélectionné les reproducteurs, mais cela sans aucune arrière-pensée concernant le respect d'un esthétisme quelconque ou critère quel qu'il soit si ce n'est l'efficacité. Un chasseur fera seulement reproduire son chien s'il fait bien son travail, et ne lui « offrira » qu'une lice qui débusque bien le gibier. C'est de cette façon que la plupart des races ont débuté : les caractères (physiques et intellectuels) se sont fixés et les chiens de mêmes régions et de mêmes fonctions ont commencé à se ressembler.

C'est enfin au XIXe siècle que l'on va commencer à s'intéresser plus sérieusement au chien et à sa sélection scientifique. Cet engouement ne touche pas le seul chien, il a trait à tout ce qui se rapporte à la zootechnie, et en particulier à l'élevage des animaux de ferme : vaches, chevaux, porcs, moutons... C'est une époque où les progrès des sciences et les besoins de consommation et de rentabilisation vont être associés de façon à produire plus et de meilleure qualité. On maîtrise alors les techniques de consanguinité, en particulier grâce aux recherches et actions du Britannique Bakewell, ce qui permet, entre autres choses, de créer des races ovines telles que le Southdown, et de porter une importance particulière à la pureté des races.

À partir de 1859, le chien devient, outre un animal utilitaire, un produit de sélection, grâce à la première exposition canine à Newcastle. Les Anglais, en avance sur leur temps dans ce domaine, créèrent le Kennel Club (équivalent anglais de la Société centrale canine) et son Livre

(© Gauzargues/Cogis)

d'origines inspiré de celui des chevaux, en 1874. Le premier club de race ne se fera pas attendre beaucoup plus longtemps puisqu'il s'agira du Bulldog Club qui apparaîtra en 1875.

La Société centrale canine

Naissance et histoire

La Société centrale canine (SCC) a été créée en 1882 par des chasseurs français voulant développer l'obtention de bons chiens pour leurs activités et qui prirent exemple sur le Kennel Club anglais. Le rôle avoué de cette organisation privée était de sauvegarder les races canines françaises et d'acclimater à notre pays les meilleures races étrangères.

Le président-fondateur de la SCC, M. de Nicolay, et ses acolytes ont rapidement mis au point un système de fonctionnement logique et indispensable pour mener leur tâche à bien. Ils ont en particulier mis en place le Livre des origines français (LOF) en 1885 et organisé des expositions canines permettant de regrouper des chiens de mêmes races pour les juger et vérifier s'ils correspondaient aux critères de ces dernières.

En 1863 se tient la première exposition canine en France, au Jardin d'acclimatation, et on n'y voit que des races bergères que l'on ne différencie que par leur région d'origine. En 1883, la première exposition canine officielle de la SCC organisée en France a lieu à Paris. Cette même année, le LOF enregistre environ 200 inscriptions de chiens, dont 180 de chasse, répartis en 20 races répertoriées. Quand on sait que maintenant sur des expositions durant deux à trois jours on peut compter 2 000 à 3 000 chiens par jour…

PETITE CHRONOLOGIE

En 1910, la SCC et son équivalent belge (la Société Saint-Hubert) décident de fonder la Fédération cynologique internationale (FCI) (lire le paragraphe sur la FCI).

En 1914, la SCC est reconnue d'utilité publique.

En 1957, le LOF est inscrit au registre des livres généalogiques reconnus par le ministère de l'Agriculture.

En 1965, un décret attribue à la SCC un siège au Conseil supérieur de l'élevage (section des élevages spéciaux).

En 1969, le 22 mai, elle devient un organisme agréé du ministère de l'Agriculture, avec la responsabilité de tenir le livre généalogique.

En 1971, par un arrêté du 16 février, elle est assermentée pour s'occuper de l'identification des chiens à l'aide du tatouage et tenir le fichier national canin.

Depuis 1980, ce fichier national est tenu à l'aide d'un système informatique.

Le Livre des origines français

L'inscription au Livre des origines

Dans le jargon des expositions, vous n'entendrez jamais parler du Livre des origines français, mais plutôt du LOF, de la même façon que l'on ne parle pas de la Société centrale canine mais de la SCC.

Le LOF est une sorte de registre dans lequel sont tenues toutes les informations de naissance de chiens de pure race. Si l'éleveur fait les choses correctement, tout chien issu de parents ayant un pedigree est inscrit au LOF, ce qui ne veut pas dire pour autant qu'il possèdera lui-même un pedigree : un animal inscrit au LOF a du « sang pur » alors qu'un autre avec un pedigree a, en plus, passé un examen attestant qu'il est conforme au standard de sa race.

Du point de vue pratique, lorsqu'une saillie est réalisée, l'éleveur adresse à la SCC une « déclaration de saillie » comportant les renseignements relatifs aux reproducteurs : date de naissance, couleur et variétés éventuelles, numéro d'inscription au LOF, numéro de tatouage... Il reçoit en retour une « déclaration de naissance » et une « demande d'inscription de portée » qu'il renverra à nouveau à la SCC après les avoir remplies, et dans les délais impartis. Par la suite (les démarches ne sont souvent pas terminées lorsque vous prenez possession du chiot), l'éleveur recevra un « certificat de naissance » qu'il vous fera parvenir. Sur ce « certificat de naissance » figure la généalogie du chiot sur trois générations. Le chien est officiellement inscrit au LOF !

La confirmation

Pour que ce LOF (que l'on nomme parfois pedigree provisoire) se « transforme » en pedigree définitif, il faudra aller à une séance de confirmation quand votre chien aura terminé sa construction osseuse. Si, à la séance de confirmation, le juge constate que le chien est bien dans les normes des critères de race, celui-ci obtiendra son pedigree définitif et le monde des expositions lui sera ouvert.

La différence entre le fichier dit « ouvert » et le fichier dit « fermé » est la suivante : le second est réservé aux inscriptions au titre de la descendance tandis que le premier permet à des chiens dont les parents ne sont pas connus, ou qui ne possèdent pas de pedigree, d'être inscrits « à titre initial ». Après trois générations d'inscription sur ce livre ouvert, il est possible d'envisager une inscription sur le livre fermé, c'est-à-dire au LOF.

LE FICHIER CENTRAL

Il s'agit là d'un des rôles de la SCC les plus importants, et qui ne concerne pas que les chiens de race. En effet ce fichier central gère tous les chiens qui portent un tatouage, un peu à la manière de l'immatriculation des véhicules. La carte de tatouage qui revient au propriétaire de chaque chien tient lieu de « titre de propriété ». Sur cette carte figurent les noms et coordonnées du maître ; ces éléments sont répertoriés dans le fichier central, et seule la personne ainsi nommée est considérée comme possédant légalement l'animal. En dehors des coordonnées du propriétaire du chien, doivent figurer sur la carte de tatouage : son emplacement (il peut être soit à l'intérieur de la cuisse, soit dans l'oreille, aussi bien la droite que la gauche), le nom complet du chien (affixe compris), sa race (et sa variété), et sa date de naissance. Lors de l'acquisition du chiot, la carte de tatouage comporte deux parties :

- la partie B devra être envoyée, après apposition de la signature de l'éleveur et de celle du propriétaire actuel, sous huit jours, à la SCC, qui la renverra directement au nouveau propriétaire au bout de quelques semaines. Depuis 1993 il n'est pas nécessaire d'affranchir cet envoi ;
- la partie A reste la propriété de l'acheteur. Cette carte revêt une importance capitale puisque y sont inscrits les noms des propriétaires et des producteurs de l'animal, comme cela a été précisé un peu plus haut. De plus, en cas de perte ou de vol du chien, c'est la seule pièce officielle qui puisse attester son appartenance à quiconque (de pair avec son équivalent si le chien est identifié par radiofréquence). Le fichier central de la SCC, qui gère plusieurs millions de chiens, permet d'en retrouver, grâce à ce procédé, quelques milliers par an.

La Fédération cynologique internationale

En 1908, la Belgique créa son Union cynologique Saint-Hubert ; et en 1911, le 22 mai, avec l'aide de la France, de l'Allemagne, de l'Autriche et des Pays-Bas, elle fit adopter les premiers statuts de la FCI. Cet organisme est resté, jusqu'au jour de la rédaction de ce texte, domicilié en Belgique.

La Première Guerre mondiale mettra rapidement, mais momentanément, un terme à cette fédération. Elle a été reconstituée par la France et la Belgique peu après la fin du conflit.

Le but de la FCI est d'encourager et de protéger la cynologie et l'élevage de chiens de pure race ; c'est elle qui est considérée comme l'autorité mondiale dans ce domaine. Elle ne reconnaît qu'un organisme responsable pour chaque pays affilié (la SCC pour la France).

La FCI sert donc de lien entre les organismes cynologiques des pays qui y sont rattachés, permettant une cohérence internationale. Un de ses rôles primordiaux est donc de diffuser les standards des pays d'origine de chaque race qu'elle reconnaît, mais il en est bien d'autres moins connus :

• Réaliser des études scientifiques permettant l'amélioration des races canines, en particulier sur les thèmes suivants :
- études épidémiologiques ;
- études sur les empreintes génétiques ;
- études sur la propagation de certaines atteintes pathologiques ;
- études sur les problèmes de dopage (qui sont de plus en plus à craindre).

• Effectuer la reconnaissance réciproque et exclusive des livres d'origines.

• Effectuer la reconnaissance mutuelle et exclusive des affixes et la création d'un répertoire international des affixes (lorsqu'un particulier désire devenir éleveur, il propose trois affixes à la FCI, et cette dernière tranche sur celui qui deviendra celui de l'élevage).

• Effectuer la reconnaissance mutuelle des règlements et des pénalités.

• Organiser des congrès cynologiques.

De plus, la FCI homologue les CACIB (Certificat d'aptitude au championnat international de beauté) et les CACIT (Certificat d'aptitude au championnat international de travail).

(© Monnier/Cogis)

Carnet d'adresses

Société centrale canine
155, avenue Jean-Jaurès
93535 Aubervilliers Cedex
Tél. : 01 49 37 54 00

Fédération cynologique internationale (FCI)
13, place Albert-Ier
B6530 Thun
Belgique
Tél : (19) (32) 71 59 12 38

École vétérinaire de Maisons-Alfort
7, avenue du Général-de-Gaulle
94700 Maisons-Alfort

INDEX ANALYTIQUE

Achevé d'imprimer en avril 2006
à Milan, Italie,
sur les presses de Grafiche Milani

Dépôt légal : avril 2006
Numéro d'éditeur : 9614